Martin Pietralla
Barbara Schöning

ClickerTraining für Welpen

KOSMOS

Zu diesem Buch

Wenn wir den zahllosen oft hervorragenden Büchern über Welpenaufzucht ein weiteres hinzufügen, tragen wir dann eine Eule nach Athen? Wir hoffen nicht. Das körperlich gesunde Wachstum soll von einem gleichartigen psychischen Wachstum in der zwischenartlichen Welt von Hunden und Menschen begleitet sein. Dazu gehört die intensive Nutzung des angeborenen Lernverhaltens. Und genau diesen Aspekt möchten wir Ihnen hier nachdrücklich nahe bringen. Lernen in der Jugend ist Meißeln in Stein, Lernen im Alter ist Schreiben in Sand, sagt ein arabisches Sprichwort.

Eine Vertrauen fördernde Ausbildung und Erziehung zum Teampartner sollte das Ergebnis sein. Genau hier liegt vieles im Argen. Wer Hundesprache lesen gelernt hat, wird erschreckend oft beobachten, wie Hundehalter ihre Hunde völlig missverstehen und ihr Verhalten missdeuten. Und das beginnt leider beim Welpen, wie die vielen noch nicht erwachsenen Hunde in Tierheimen traurig beweisen. Mit dem von uns geschilderten Hintergrundwissen kann jeder eine Strategie des Vorgehens in konkreten Fällen entwickeln, da der Informationsaustausch mit dem neuen, unbekannten Wesen Hund dessen Möglichkeiten optimal angepasst ist.

„Tierliebe" ist sicher ausschlaggebend, sich einen Hund anzuschaffen und ist die Basis dafür, diesem Hund ein hundegerechtes Leben bieten zu wollen, aber sie ist nicht das wichtigste Argument für eine artgerechte Ausbildung. Hier ist Klarheit in der Verständigung wichtig und gerade diese Klarheit ist es, die im Clickertraining besonders intensiv zur Wirkung kommt. Sie werden erstaunt feststellen, dass sich manche vieldiskutierten Probleme von so genanntem Dominanzverhalten gar nicht erst ergeben, da Sie sich mit dem Hund verhalten und nicht gegen ihn. Dabei ersparen Sie sich eine Reihe unangenehmer Emotionen Ihrerseits. Ihre Gefühle dürfen liebevoll sein, ohne vom Welpen und später vom erwachsenen Hund als Schwäche missverstanden zu werden. Wenn Sie dieses Buch sorgfältig lesen und umsetzen, werden Sie für fast alle eventuell später auftauchenden Probleme Lösungen selbst finden können. Wenn Ihr Hund immer wieder vor Ihnen steht, schwanzwedelnd fragend „Was machen wir jetzt?", dann haben wir unser Ziel mit diesem kleinen Buch erreicht.

Wir wünschen Ihnen mit Ihrem Welpen soviel Freude und Teamgemeinschaft, wie wir es mit jungen Hunden erfahren haben, die uns später ein Leben lang vertrauensvoll begleitet haben.

Links Martin Pietralla mit Viktor, rechts Barbara Schöning mit Rudi.

Welpen auf dem Clicker-Pfad

Welpen –
eine einmalige Chance

Sie haben einen Welpen – wunderbar, nun haben Sie jede Chance, diesen Welpen zu einem gut erzogenen, alltagstauglichen und sozialverträglichen Hund heranwachsen zu lassen. „Kann der das nicht von alleine?", werden jetzt vielleicht einige fragen. Oder: „Das hat früher doch auch immer so geklappt." Das Jahr 2000 hat uns leider nur allzu deutlich gezeigt, dass man hierbei als Hundehalter lieber nichts dem Zufall überlassen sollte. In Deutschland leben immer mehr Menschen mit ihren Haustieren auf einem immer engeren Raum zusammen. Besonders in den Städten haben Hunde Einzug gehalten als Sozialpartner und Freunde ihrer Besitzer. Hunde werden immer weniger für bestimmte Arbeitseinsätze genutzt, sondern sind reine Lebensbegleiter ihrer Menschen geworden. Dies bedeutet, dass sie ihre Besitzer im Alltag unserer Welt begleiten und sich den gleichen Spielregeln unterwerfen (müssen) wie Menschen. So wie junge Menschen auch erst in unsere Welt mit ihren Ethik- und Moralvorstellungen, ihren Sitten und Gebräuchen – kurz: ihren Spielregeln – hineinwachsen müssen, müssen dies auch unsere Hunde. Gegenseitige Rücksichtnahme ist wichtig; und ein gut erzogener Hund stellt schon eine Rücksichtnahme in sich dar.

Schlechte Nachrichten ...

... und jetzt die gute Nachricht: Die Erziehung eines Hundes macht nicht nur Arbeit und kostet Zeit – sie macht auch viel, viel Spaß. Und das für beide Seiten, wenn man dabei freundlich mit dem jungen Hund umgeht. Und eine weitere gute Nachricht: Die meisten der Übungen, die Sie im Folgenden lesen werden, sind weder hochkompliziert noch extrem langwierig. Die meisten Dinge lassen sich im Alltag mit dem Welpen und jungen Hund erledigen. Sie müssen sich ja sowieso mit Ihrem Hund beschäftigen, denn er gehört zu einer hochsozialen Tierart und braucht unbedingt den Sozialkontakt. Man kann statt einigen reinen Kuschelminuten auch noch kurz eine kleine Übung zum Lernen des **PLATZ**-Signals oder des Rückrufs durchführen.

Hundeerziehung macht Spaß – und mit Spaß lernt man auch besser.

Warum ist der Welpe eine einmalige Chance?

Schlicht und ergreifend, weil die Welpenzeit nie wieder kommt. Nie mehr in seinem ganzen Leben wird Ihr Hund Ihnen gegenüber so aufmerksam sein wie jetzt, und nie mehr in seinem Leben wird er so leicht und schnell lernen. Das heißt natürlich nicht, dass ein älterer Hund irgendwann gar nicht mehr lernen kann. Hunde können bis ins hohe Alter lernen, aber es klappt einfach umso besser und schneller, je jünger der Organismus ist. Und das heißt auch nicht, dass Ihnen Ihr Hund später überhaupt keine Aufmerksamkeit mehr schenken wird. Aber bei einem Welpen müssen Sie hierfür eigentlich kaum etwas tun, während man später beim erwachsenen Hund zum Teil ganz schön dafür arbeiten (trainieren) muss, dass einem der Hund in allen möglichen Situationen Aufmerksamkeit schenkt.

Clicker – eine großartige Möglichkeit

Nutzen Sie die Gunst der Stunde. Sie haben einen jungen Hund und können jetzt die Weichen stellen, damit er sich auf die Art und Weise und zu dem Hund entwickelt, der Ihnen vorschwebt: Er ist gut an Menschen und andere Hunde sozialisiert, kompetent in der Kommunikation, stresstolerant und freundlich und auch noch gut erzogen.

Was ist ein Clicker überhaupt?

Wir wollen Ihnen mit diesem Buch einige Anregungen geben und Sie in Ihrer Arbeit unterstützen. Und wir möchten Ihnen dazu ein Hilfsmittel im Training vorstellen: den Clicker. Der Clicker ist ein Plastikkästchen mit einem Metallplättchen darin. Wenn man auf das Metallplättchen drückt, ertönt das Clickgeräusch. Das Ganze gab es schon früher in Form der Knackfrösche für Kinder. Damals haben die Kinder die Erwachsenen mit den Clicks vielleicht genervt. Heute ist es anders. Sie nerven Ihren Welpen nicht damit. Nein, Sie werden erleben, dass Ihr Welpe gar nicht genug von dem Geräusch bekommen kann und dass Verhaltensweisen, die zeitgleich mit dem Ertönen des Clicks auftreten, schnell und nachhaltig gelernt werden. Der Clicker wird zu einem Verständigungsmittel im Training, mit dem Sie Ihrem Welpen eine Botschaft übermitteln: „Fein, das hast du gut gemacht, von diesem Verhalten bitte mehr und öfter.“

Werden Sie zum Erfinder

Wie es funktioniert und in welchen einzelnen Schritten Sie vorgehen sollten, das wird in Kapitel 3, „Click für Click die Übungen spielerisch lernen", erläutert. Doch zuvor wollen wir erst einmal den theoretischen Hintergrund betrachten, damit Sie besser verstehen können, was Ihnen später in der Praxis gezeigt wird. Clickertraining macht unserer Erfahrung nach nicht nur Hunde neugierig, sondern auch ihre Besitzer. Wenn Sie die theoretischen Hintergründe kennen, können Sie Ihre eigenen Übungen konzipieren und eigene Variationen nach Ihrem persönlichen Bedarf in das Training einfließen lassen. Was aber fast noch wichtiger ist – und darum sollte man sich die Theorie nicht sparen: Der Hund ist kein Automat, der auf Knopfdruck Verhalten ausspuckt. Er bringt seinen eigenen Charakter und seine eigene Vorgeschichte in das Training mit ein. In diesem Buch werden wir bei den einzelnen Übungen immer den durchschnittlichen Hund aus der durchschnittlichen Gruppe beschreiben. Wir können dafür Trainingsabläufe vorstellen und vielleicht einige wenige Fallstricke und Sonderfälle im Training ansprechen. Vielleicht ist aber gerade Ihr Hund ein ganz besonderer Hund, und das bedeutet, dass er auch ein ganz besonderes Training braucht. Wenn Sie den theoretischen Hintergrund des Clickertrainings kennen, können Sie jederzeit für Ihren besonderen Hund besondere Übungen konzipieren oder einige Übungen aus diesem Buch nach Ihren Bedürfnissen abwandeln oder erweitern.
Sie sollen erfinderisch werden und mit Ihrem Hund zusammen Spaß haben. Dann lernen Sie beide am schnellsten und leichtesten.

ClickerTipp

Erfährt der Welpe, dass das Geräusch **SUSI** *oder* **RUDI** *bedeutet, dass ihm etwas Gutes passiert, wird er bald immer schneller mit Aufmerksamkeit auf dieses Geräusch reagieren und so quasi nebenbei seinen Namen lernen.*

Lernen – das Grundgesetz des Lebens

Um Clickertraining zu verstehen, ist es wichtig, etwas über den Aufbau von Nervensystem und Gehirn und die Verhaltensentwicklung von Welpen zu lernen. Da das Gehirn die Schaltzentrale für alles Verhalten darstellt und hier auch das eigentliche Lernen stattfindet, ist es in diesem Zusammenhang durchaus angebracht, hierzu einige wenige Dinge zu sagen. Wir wollen aber nicht sehr weit in die Lernbiologie als solche einsteigen. Nur so weit soll Theorie aufgearbeitet werden, dass Sie mit Ihrem Hund und dem Clicker üben können. Wenn Sie mehr über das Lernverhalten lesen möchten, finden Sie am Ende dieses Buches einige Literaturtipps.

Lernen von Kommunikation

Verhalten ist etwas, das immer stattfindet – Schlaf ist dabei genauso ein Verhalten wie das Zerkauen von Frauchens Schuhen. Zu jedem Augenblick ihres Lebens zeigen Tiere irgendein Verhalten. Und dieses Verhalten wiederum wird von anderen Lebewesen wahrgenommen. Damit sind wir bei der Kommunikation. Kommunikation bedeutet, dass etwas (eine Information) ausgesendet wird und dass jemand anderes diese Information aufnimmt und verarbeitet. Das Verhalten, welches Ihr Welpe vielleicht jetzt gerade zeigt, ist zu einer Information geworden in dem Moment, in dem Sie es mit den Augen oder Ohren wahrnehmen. Und damit sind Sie und Ihr Welpe dabei, zu kommunizieren. Aus dem Verhalten des Welpen können Sie Schlüsse ziehen – das ist mit Information gemeint. Sie können z.B. aus einem unruhigen Verhalten schließen, dass Ihr Welpe Hunger hat oder vielleicht hinaus muss, um seine Geschäfte zu verrichten. Und Ihr Welpe wird wiederum aus Ihrem Verhalten Schlüsse ziehen. Er wird z.B. die Erfahrung machen, dass Sie immer ein bestimmtes Geräusch ausstoßen, bevor er etwas Angenehmes wie Fressen oder eine Streicheleinheit bekommt. Dieses Geräusch könnte ein Wort wie **FEIN** sein oder der Name des Welpen. Und damit sind wir beim dritten Partner dieser Dreieinigkeit angelangt: dem Lernen. Lernen bedeutet nämlich, über seine Sinnesorgane Informationen aus der Umwelt aufzunehmen (Kommunikation!) und diese Information in der zentralen Schaltstelle (Gehirn) zu verarbeiten. Aufgrund der Verarbeitung kommt es dann zu individuellen und signalabhängigen Verhaltensreaktionen, die wiederum von der Umwelt wahrgenommen werden.

Wie funktioniert Lernen?

Denken wir uns das vorherige Beispiel mit den „Geschäften" einmal komplexer. Sie als Mensch haben seit kurzem einen kleinen Welpen. Sie beobachten auf einmal sehr unruhiges Verhalten und sehen dann, wie der kleine Hund sich urplötzlich mitten im Wohnzimmer hinhockt und eine Pfütze macht.

Auf einen Blick

Grundgesetz

Für alle Lebewesen, nicht nur für Hunde, gelten drei Kernaussagen:

- *Man kann nicht nicht lernen;*
- *Man kann nicht nicht kommunizieren;*
- *Man kann sich nicht nicht verhalten.*

Kommunikation ist z. B. nötig, um sich zu einigen, wer wann und wo fressen darf. Hier klappt die Kommunikation und beide haben gelernt, dass man auch gemeinsam aus einem Napf fressen kann.

Der Platz für den Urinabsatz wird sorgfältig ausgewählt.

Stubenreinheit ist dem jungen Hund noch ein Fremdwort – er muss es lernen, so wie wir eine Fremdsprache lernen. Wie kann man sich nun bei diesem Beispiel das Lernen vorstellen?

Zunächst einmal lernen *Sie*! Sie lernen nämlich ganz automatisch, in Zukunft eher auf unruhiges Verhalten Ihres Welpen zu achten, ihn dann sofort auf den Arm zu nehmen und an einen Platz nach draußen zu bringen, wo er ab jetzt und für später seine Geschäfte verrichten darf und soll. Und so läuft dann etwas zeitverzögert das Lernen des Welpen ab: Wenn die Blase drückt, lohnt es sich mehr und mehr, Unruhe zu zeigen – denn dann wird man an einen Ort gebracht, wo man sich problemlos lösen kann und wo es nach dem Lösen etwas Gutes gibt. Parallel zu allem anderen haben Sie sich nämlich auch noch angewöhnt, Ihren Hund immer zu loben, wenn er am gewünschten Ort die Pfütze macht. Hier greifen mehrere Lernprozesse ineinander: Der Hund lernt, dass Unruhe lohnt, weil es einen an den besten Ort für Geschäfte bringt und er lernt, welches überhaupt der beste Ort/Untergrund für Geschäfte ist. Er verlernt quasi gleichzeitig, dass man Urin und Kot in Innenräumen oder auf Teppichen absetzen könnte. Und so wird ein Lernprozess ablaufen, an dessen Ende der stubenreine Hund steht.

Vorsicht **Falle!**

Welche Probleme können beim Lernen der Stubenreinheit entstehen? Sie übersehen oder überhören z.B. anfangs das Gejammer des Kleinen und haben dadurch später einen Hund, der nicht zuverlässig anzeigt, wenn er dringend nach draußen muss. Sie reagieren mit Aggression (Schimpfen) auf das eine oder andere kleine Malheur in der Wohnung – und haben dadurch einen Hund, der sich bald für solche privaten Geschäfte auch ins Private zurückzieht. Er zeigt keine Unruhe mehr, sondern verzieht sich klammheimlich. Jedes Schimpfen und jede unangenehme körperliche Manipulation durch den Menschen ist aus der Sicht des Hundes eine Form von Aggression. Dazu gehört z.B. auch die unselige Aktion, ihn mit der Nase in die Pfütze zu stoßen. Der Hund kann nicht begreifen, dass das Ausscheiden an diesem Ort unerwünscht ist, weil ihm dazu, besonders in diesem Alter, die Differenzierungsmöglichkeit fehlt. Er lernt eher sehr schnell, dass Menschen im Zusammenhang mit seinem Kot- oder Urinabsatz an sich aggressiv werden. Und da das Ausscheiden nicht nur zum Normalverhalten gehört, sondern auch ein überlebenswichtiges Verhalten darstellt, wird der Hund es unter Umständen mehr und mehr heimlich tun. Damit sinkt Ihre Chance, hier überhaupt noch ein Umlernen zu erreichen, auf null. Wenn Sie nur zeitverzögert bemerken, was Ihr Hund tut, können Sie nicht optimal einwirken.

Damit Training gelingen kann – das heißt, damit der Hund aus Ihren Einwirkungen lernen kann –, müssen Maßnahmen innerhalb von einer Sekunde beim Hund ankommen. Diese eine Sekunde ist längst vorbei, wenn sie zufällig hinter der Gardine einen Haufen finden.

Lernen am Erfolg

Der Hund muss die Signale, die später ein bestimmtes Verhalten auslösen sollen, grundsätzlich erst lernen. Diesen Lernprozess müssen Sie steuern, wenn Sie wollen, dass der Hund später nach Ihren Wünschen reagiert bzw. gehorcht. Hunde sind keine Hellseher – woher soll der Hund wissen, was er wann machen soll, wenn genau Sie es ihm nicht sagen. Hier liegt ein häufiger Grund für so genannten „Ungehorsam". Menschen gehen einfach zu oft davon aus, dass sie dem Hund mitgeteilt haben, was er lernen soll – und in Wahrheit haben sie es schlicht vergessen. Nehmen wir als Beispiel die vielen Spielregeln, die in unserer menschlichen Gesellschaft gelten. Der Hund wird nicht mit dem Wissen geboren, dass man sich in bestimmten Situationen ruhig hinzulegen und abzuwarten hat (z.B. wenn der Besitzer mit dem Hund ein Restaurant besucht) oder dass man an Frauchens Pantoffeln nicht nagt. Diese Spielregeln muss er lernen. Was passiert nun, wenn der Hund zufällig von Anfang an ruhig im Restaurant liegt oder brav am Pantoffel vorbei zum Kauknochen geht? Richtig: Es passiert *nichts* – und genau das kann zum Problem werden.

Auf einen Blick

Stubenreinheit

Gerade das Stubenreinheitstraining, wo über viele Jahrzehnte so unnütze und kontraproduktive Erziehungstipps die Runde machten wie das erwähnte „Nasehineintunken", ist ein gutes Beispiel für die Toleranz und Anpassungsfähigkeit unserer Hunde. Hier muss man nämlich ganz deutlich Folgendes sagen: Die Tatsache, dass die meisten Hunde stubenrein werden – trotz der Maßnahmen der Menschen –, ist in der Hauptsache den Hunden positiv anzurechnen.

ClickerTipp

Der Hund zeigt über sein Verhalten, ob er etwas gelernt hat oder nicht, er kommuniziert also mit Ihnen. Genauso kommunizieren Sie mit Ihrem Hund. Training jeder Art bedeutet immer massive Kommunikation, denn wenn das Gehirn keine Informationen erhält, kann es auch nicht lernen.

Das menschliche Weltbild

Wir Menschen haben die dumme Eigenschaft (wie unsere Hunde übrigens auch), dass wir uns ein Weltbild schaffen. Wir haben eine Vorstellung von der Welt, wie sie am besten sein soll; und da kommen ruhige Hunde drin vor, die an den richtigen Dingen kauen. Was ist nun das übliche menschliche Verhalten, wenn die Welt so abläuft, wie man sich das vorgestellt hat? Genau: Man ist zufrieden und macht kein großes Aufheben davon. Warum auch? Die Dinge laufen ja so, wie man will.

Was passiert aber, wenn die Welt mal nicht so funktioniert, wie wir uns das gedacht haben? Nun wird reagiert, damit das Weltbild wieder geradegerückt werden kann. Der Hund will vielleicht im Restaurant unbedingt in Richtung Küche marschieren oder will von Ihnen gestreichelt werden und jammert deshalb. Nun werden Frauchen und/oder Herrchen aktiv. Sie zerren den Hund an der Leine unter den Tisch und schimpfen dabei – und nach wenigen Minuten beginnt das Spiel zumeist von vorne, ein Hundeleben lang, wenn sowohl der Hund als auch die Besitzer Pech haben.

Das hundliche Weltbild

Für den Hund hat ein Lernen am Erfolg stattgefunden. Er hat gelernt: Ruhig sein lohnt sich nicht, denn dann beachtet einen keiner; jammern und ausbüxen lohnt dagegen sehr, denn dann hat man sofort Beachtung, und Beachtung ist für ein soziales Lebewesen immer etwas hochgradig Schönes und Belohnendes. So kommt der Hund in einen Verstärkungskreislauf für ein Verhalten, welches Sie letztendlich nicht wollten. Und das alles nur, weil Sie versäumt haben, häufiger das erwünschte Verhalten (Ruhe und Bravsein) zu belohnen.

Statt von dem eigenen menschlichen Weltbild auszugehen ist es besser, sich eine Vorstellung vom Weltbild des Hundes zu machen. Denn eine Sache ist ziemlich sicher: Sie als Mensch haben die Möglichkeit, über Ihren Hund und seine Bedürfnisse nachzudenken – ob ein Hund dies auch umgekehrt mit dem Menschen tun kann, ist nach heutigem Wissensstand eher mit Nein zu beantworten.

ClickerTipp

Genau jetzt ist die Möglichkeit, Ihren Hund zu loben, wenn er gerade etwas macht, was Sie gut finden. Vielleicht liegt er ja, während Sie lesen, ruhig zu Ihren Füßen. Dann zeigen Sie ihm doch, dass das eine ziemlich gute Idee von ihm ist …

Zauberwort Belohnung

Warum bewirkt eine Belohnung, dass der Hund das belohnte Verhalten häufiger zeigt? Und was alles kann eine Belohnung für einen Hund darstellen?

Verhalten entsteht nicht im luftleeren Raum oder aus nichtigen Gründen. Da jedes Verhalten zumindest Energie (Kalorien) verbraucht, ist es auch immer zweck- und zielgebunden. Kein Tier kann es sich auf Dauer leisten, Kalorien zu verschwenden – auch nicht unsere Haustiere, die ja eigentlich wissen sollten, dass es jeden Tag für (halbwegs) umsonst zu essen gibt. Aber hier werden noch sehr alte Verhaltensmuster abgespult, die sich vor Millionen von Jahren in der Evolution entwickelt haben. Einige zigtausend Jahre Domestikation (Haustierwerdung) reichen nicht aus, um diese ererbten Programme aus der Erbmasse verschwinden zu lassen.

Letztendlich geht es unseren Tieren darum, dass es ihnen optimal gut geht: Sie wollen weder Hunger noch Durst leiden noch Schmerzen erfahren. Bedarfsdeckung und Schadensvermeidung sind hier die wichtigen Begriffe, die diese Elemente (Hunger, Durst, Schmerz) in sich zusammenfassen. Im Grunde unterscheiden sich Hunde darin auch nicht so sehr vom Menschen. Jedes Säugetier hat mindestens diese Ziele (Bedarfsdeckung und Schadensvermeidung) und das Streben nach diesen Zielen ist angeboren – es ist in der Erbsubstanz, im Genom, verankert.

Auf einen Blick

Verhalten soll sich lohnen

Der Hund lernt an der Reaktion, die er auf bestimmte Verhaltensäußerungen erhält, ob es sich lohnt, dieses Verhalten öfter zu zeigen oder ob genau das Gegenteil der Fall ist. Hierin folgen alle Hunde dem gleichen biologischen Prinzip.

Dieser Hund zeigt Hundemanieren: am älteren Sozialpartner zur Begrüßung hochzuspringen steht in jedem Hunde-Knigge – nur der Mensch findet es nicht so toll. Aber Schimpfen wird nichts nützen!
So ist es richtig: Hochspringen wurde ignoriert und nun lernt der Kleine, dass Vorsitzen zum Erfolg führt: der Mensch grüßt zurück.

Lernen über Erfolg und Misserfolg: wie weit kann man im Spiel provozieren, ohne dass der Partner ungemütlich wird.

Lernen über Erfolg und Misserfolg

Lernen ist, wie schon gesagt, darauf ausgerichtet, den eigenen Zustand zu optimieren – insgesamt ist alles jemals gezeigte Verhalten Ihres Hundes (und auch von Ihnen selber) darauf ausgerichtet, den eigenen Zustand zu optimieren. Nichts anderes bedeuten nämlich die Begriffe „Bedarfsdeckung“ und „Schadensvermeidung“. Der eigene Zustand soll optimal und der Organismus leistungsfähig sein. Moment, denken Sie jetzt vielleicht, so egoistisch bin weder ich noch mein Hund. Leider doch, denn die Evolution hat fleißig bis zum Menschen hinauf dafür gesorgt, dass es so abläuft. Dabei bedeutet Egoismus allerdings auch, heute etwas für jemand anderen zu tun, wenn dieser andere einem morgen oder in einem Jahr dafür helfen könnte.

Viele Besitzer mag dies enttäuschen. Im Grunde erhoffen sich ja die meisten, dass ihr Hund etwas für sie tut, weil er sie liebt oder zumindest als Rudelführer anerkennt. Das mit der „Liebe“ haben wir eben geradegerückt. Ein Lernen, rein um „anderen zu gefallen“ oder „weil man den anderen so liebt“, ist von der Natur nicht vorgesehen – es sei denn, der andere zeigt dann als Reaktion Verhaltensweisen, die dem ersten Individuum wiederum nützlich sind. Aber wäre das die uneingeschränkte „Liebe“, die wir Menschen so gern von unseren Haustieren hätten? Warum es auch ein Trugschluss ist, zu glauben, dass der Gehorsam des Hundes davon kommt, dass er uns als Chef anerkennt, wird auf S. 39 noch erläutert.

Lernen über Erfolg und Misserfolg und die Tatsache, dass das Gehirn 24 Stunden am Tag lernt, sind vielleicht die wichtigsten Aussagen zum Lernverhalten. Es sind aber auch Dinge, die häufig im Umgang mit dem Tier vergessen werden und die dadurch tatsächlich auch ein häufiger Grund für die Entstehung von Verhaltensproblemen sind. Lernen folgt gewissen biologischen Gesetzmäßigkeiten – unabhängig davon, ob der Lernvorgang im Gehirn eines Hundes, eines Menschen oder einer Maus stattgefunden hat. Heute weiß man sogar immer mehr darüber, wie das Lernen auf der Ebene der Vernetzung der einzelnen Nervenzellen im Gehirn (der Neurone) stattfindet. Genau hier, an der Verbindungsstelle von einem Neuron zum nächsten, finden nämlich die Vorgänge statt, die letztendlich dazu führen, dass ein Informationspaket (z.B. Signal und das dazugehörige Verhalten Hinsetzen) im Langzeitgedächtnis abgespeichert wird.

Bedarfsdeckung über Ressourcen

Es gibt bestimmte Dinge, die jedes Lebewesen braucht, um seinen Zustand zu optimieren; es braucht sie, um am Leben zu bleiben und sich fortpflanzen zu können. Das Wissen um die Wichtigkeit dieser Dinge ist grundsätzlich angeboren. Solche Dinge werden in der Wissenschaft als „Ressourcen" bezeichnet und dazu gehören Futter und Wasser. Je nachdem wie eine Tierart lebt, gehören zu den Ressourcen noch andere Dinge. Das Territorium kann z.B. eine Ressource darstellen und beim Hund auch Sozialkontakt als solches. Hunde sind soziale Lebewesen, für die das Leben im Sozialverband nicht nur wichtig, sondern sogar überlebenswichtig ist. „Bedarfsdeckung" schafft ein Lebewesen dann erfolgreich, wenn es die Ressourcen in seinen Besitz bringen kann, die es für den kürzeren oder längeren Moment zur Optimierung des eigenen Zustands benötigt. Und „Schadensvermeidung" bedeutet letztendlich nichts anderes, als dass das Lebewesen dabei nicht verletzt der gar getötet wird. Schadensvermeidung wäre also die erfolgreiche Verteidigung der Ressource „unverletzter eigener Körper".

Auf einen Blick

Grundlage des Lernens

Auf der Grundlage „Optimierung des eigenen Zustandes" erfolgt somit das Lernen über Erfolg und Misserfolg. „Erfolg" bedeutet, eine Verhaltensreaktion war geeignet, den eigenen Zustand zu verbessern. „Misserfolg" bedeutet, eine Verhaltensreaktion hat den eigenen Zustand gefährdet.

Erfolg und Misserfolg im täglichen Training

Was bedeutet Lernen am Erfolg und Misserfolg nun praktisch für das Training von Hunden?

Ganz einfach zusammengefasst: Ein bestimmtes Verhalten, welches im Hinblick auf Bedarfsdeckung und Schadensvermeidung in einer ganz bestimmten Situation erfolgreich war, wird immer öfter gezeigt; ein Verhalten, welches einen Misserfolg als Folge hat, wird seltener gezeigt, da es ja nichts anderes als Energieverschwendung oder im schlimmsten Fall akute Gefährdung des eigenen Lebens darstellt. Somit kann man auch sagen: Der Erfolg stellt die Belohnung dar, der Misserfolg die Strafe. Lernen findet an Erfolg und Misserfolg des jeweiligen Verhaltens statt. Aber Vorsicht: Es entscheidet immer das jeweilige Lebewesen darüber, ob eine bestimmte Sache als Erfolg oder Misserfolg gewertet werden muss.

Der Mensch schimpft und der Hund „freut sich drüber" – und was wurde nun gelernt?

Schimpfen als Kontaktquelle

Menschliches Schimpfen ist immer ein schönes Beispiel dafür, wie die Dinge schief laufen können. Ihr Hund nagt am Schuh statt am Kauknochen und Sie schimpfen ihn aus und eventuell gibt es noch einen Klaps mit der Hand. Wir gehen einmal davon aus, dass sowohl Ihr Schimpfen als auch der Klaps innerhalb von einer Sekunde beim Hund ankamen. Eine längere Zeitspanne würde als solches nämlich schon das Training boykottieren. Sie haben also Ihrem Welpen innerhalb dieser kurzen Zeitspanne „gesagt", dass Kauen am Schuh unerwünscht ist – und trotzdem finden Sie ihn nach 10 Minuten wieder mit dem Schuh im Maul vor. Wieder wird geschimpft und danach schauen Sie sogar häufiger hin, ob er schon wieder einen Schuh in der Schnauze trägt, und reagieren unter Umständen bereits, wenn er nur Anstalten macht, den Schuh in die Schnauze zu nehmen.

Wir gehen davon aus, dass nicht nur das Zeitintervall kurz genug war, sondern dass Sie vorher auch dem Hund schon die Bedeutung des Schimpfwortes beigebracht haben. Was ist hier also schief gelaufen, da ja offensichtlich der Welpe diese für ihn angenehme Nachmittagsbeschäftigung nicht aufgegeben hat? In Wahrheit haben Sie Ihren Welpen nicht bestraft – Sie haben ihn und sein unerwünschtes Verhalten stattdessen belohnt. So braucht man sich auch nicht zu wundern, wenn dieses unerwünschte Verhalten immer häufiger gezeigt wird. Der Welpe hatte mit seiner Aktion insgesamt Erfolg. Er hatte zwar keinen Einzelerfolg, die Ressource „Schuh" für längere Zeit zu bekauen, aber er hatte großen Erfolg, die Ressource „Sozialkontakt“ mehrmals hintereinander mit diesem Verhalten zu bekommen. Solche Spielchen geben immer Informationen darüber, was für den Hund wirklich wichtig ist – und nur mit den Dingen, die für den Hund eine Wichtigkeit haben, können Sie trainieren. Die Ressource „Sozialkontakt“ war für den Welpen in diesem Moment so wichtig, dass er dafür sogar etwas unangenehmere Dinge (Schimpfwort, Klaps) in Kauf genommen hat.

Das geht uns Menschen auch nicht anders. Wir arrangieren uns durchaus mit Nachteilen (der Wecker klingelt um fünf Uhr morgens), wenn dafür als Endergebnis der gesamten Aktion ein Erfolg herauskommt (menschliche Ressource Geld). Und auch wir unterscheiden dabei nach Wichtigkeiten und Wertigkeiten.

An einem Objekt zu nagen, ist eine selbstbelohnende Tätigkeit; auch, beziehungsweise besonders, beim Welpen …

Richtige Vorgehensweise beim Benagen von Schuhen:

1. Sie üben sich im Management und erziehen sich selbst zur Ordnung. Wo nichts herumliegt, kann der Hund auch nichts benagen – außer natürlich diese netten Kauknochen, die der Welpe so hin und wieder bekommt. Und im Zusammenhang mit diesen Kauknochen kommt dann immer auch noch Aufmerksamkeit gratis dazu.
2. Wenn der Welpe schon gemerkt hat, dass Schuhe toll sind, gehen Sie folgendermaßen vor: Es liegt nur noch ein alter Schuh herum, bei dem es nicht tragisch ist, wenn er den nächsten Frühling nicht erlebt. Immer wenn der Welpe daran nagt, geht der Mensch demonstrativ aus dem Raum, holt einen Kauknochen, setzt sich mit dem Rücken zum Hund und beschäftigt sich mit dem Knochen. Wenn der Welpe neugierig kommt, wird er eher beiläufig beachtet und gelobt und erhält diesen Knochen. Überhaupt holt der Mensch auch zwischendurch (wenn der Schuh gerade nicht herumliegt) den Knochen hervor und nur dann wird auch der Hund beachtet. So lernt der Welpe: Schuhe kauen bringt keinen Erfolg, außer einem leichten Training der Kaumuskulatur. Kauknochen beachten und benagen bringt aber eine ganze Menge mehr, nämlich noch die Aufmerksamkeit des Menschen.

Wenn der Mensch möchte, dass der Hund nur bestimmte Objekte benagt, muss er dieses gezielt fördern. Von allein weiß der Welpe nicht, was erwünscht oder unerwünscht ist.

Ein weiterer Nachteil entsteht, wenn Sie jedesmal schimpfend zum Hund rennen, wenn er an Ihrem Schuh kaut: der Hund bekommt eine grundsätzliche Vorstellung davon, dass Schuhe ganz besondere Ressourcen sein müssen. Sein Interesse an Schuhen wird also insgesamt zunehmen und sich womöglich noch auf andere Objekte ausdehnen, die intensiv nach „seinem“ Menschen riechen. Wenn Sie dagegen über den Misserfolg im Zusammenhang mit Schuhen arbeiten, werden Schuhe schnell zu etwas Uninteressantem und geraten in Vergessenheit.

Lernen, Verhalten und Gehirn – was passiert im Einzelnen

Das Zentralnervensystem

Sämtliches Verhalten, welches ein Hund während seines ganzen Lebens zeigt, wird vom Zentralnervensystem gesteuert. Das Zentralnervensystem (ZNS) besteht aus Gehirn und Rückenmark. Hiervon gehen dann die weiteren Nerven (das periphere Nervensystem) ab und verzweigen in den gesamten Körper. Darüber werden Informationen von der Schaltzentrale Gehirn nach unten geliefert und so erhält das Gehirn auch Rückmeldungen, was „draußen" los ist. Das Gehirn koordiniert und aktiviert z.B. das Springen auf einen erhöhten Gegenstand. Bestimmte Sinneszellen an den Pfotenballen melden dann zurück an das Gehirn, wenn der Körper auf dem Gegenstand gelandet ist. Dieser Informationsaustausch geht nur, wenn die einzelnen Nervenzellen, die für bestimmte Aufgaben zuständig sind, miteinander verschaltet sind. Beim Menschen gibt es im Gehirn z.B. zwischen 10^{10} und 10^{11} einzelne Nervenzellen (Neurone) und jedes einzelne Neuron kann dann wieder mit bis zu 10 000 anderen Neuronen vernetzt sein. Der Hund hat eine leicht geringere Anzahl an Neuronen als der Mensch, genaue Zahlen gibt es dazu nicht. Da das Rattengehirn aber auch immerhin schon aus 10^{7} Neuronen besteht, können Sie sich vorstellen, dass es beim Hund durchaus nicht wenig Neuronen sind.

Verknüpfung von Informationen

Ihr kleiner Welpe ist mit dem kompletten Set an Nervenzellen im Gehirn auf die Welt gekommen. Diese Nervenzellen sind im Moment der Geburt auch schon weitestgehend miteinander verschaltet. Damit das Gehirn und somit auch der restliche Körper perfekt funktionieren kann, ist es wie gesagt wichtig, dass die einzelnen Nervenzellen miteinander verschaltet sind. Nur so können einzelne Bereiche des Gehirns gegenseitig Informationen austauschen und nur so kann ein Lernen überhaupt stattfinden. Damit ein Hund z.B. ein Kommando wie **SITZ** lernen kann, ist es wichtig, dass mindestens drei Arbeitsbereiche im Gehirn miteinander verschaltet sind:

1. Der Bereich, der das akustische Signal **SITZ** verarbeitet.
2. Der Bereich, der die Tätigkeit der Muskulatur steuert, damit der Po auf den Boden gesetzt werden kann.
3. Der Bereich, der die Rückmeldung verarbeitet, wie die momentane Körperstellung gerade ist.

Wenn nicht von Anfang an zwischen diesen drei Bereichen mindestens jeweils eine Verbindung vorhanden ist, könnte kein Hund auf der Welt

Die spezielle Bewegung der rechten Hand ist zum Signal geworden. Der Click erfolgt, wenn der Po komplett auf dem Boden sitzt.

ein akustisches Signal **SITZ** jemals lernen. Lernen findet hierbei über Verknüpfung (= Assoziation) der Informationen aus allen drei Bereichen statt. Damit ein erfolgreiches Lernen, also ein Abspeichern im Langzeitgedächtnis, stattfinden kann, muss diese Assoziation häufig und regelmäßig geschehen. Dann spricht man auch von einer Konditionierung. Nach erfolgreicher Konditionierung sitzt die Assoziation im Langzeitgedächtnis und ein Partner dieser Assoziation, z.B. das Signal **SITZ**, kann erfolgreich den anderen Partner zum „Sich-Hinsetzen" aktivieren. Auf die verschiedenen Konditionierungsformen und ihre Feinheiten wollen wir hier nicht weiter eingehen (siehe Zum Weiterlesen S. 124).

Lernen über Assoziation

Beim assoziativen Lernen bzw. bei der Konditionierung werden verschiedene Informationen im Gehirn miteinander verknüpft: z.B. bestimmte Signale aus der Umwelt und bestimmte Verhaltensantworten des Hundes. Im Training bedeutet dies, dass Sie ein bestimmtes Signal mit einem bestimmten erwünschten Verhalten Ihres Welpen assoziieren. Damit Sie Ihren Hund oder Welpen erfolgreich trainieren können, müssen Sie zwei Dinge beachten:

1. Die Assoziation wird nur im Gehirn gebildet, wenn alle Elemente dieser Assoziation in einem engen zeitlichen Zusammenhang stattfinden. In der Regel, d.h. im Alltag, haben Sie eine Sekunde Zeit – innerhalb dieser müssen alle Dinge passieren, die assoziiert werden sollen. Am Beispiel des Sitzkommandos wären dies mindestens das Signal **SITZ** und die Verhaltensreaktion „Po auf den Boden setzen".
2. Die Assoziation wird fest und immer besser abrufbar verankert, wenn innerhalb dieser einen Sekunde auch noch eine „Erfolgsmeldung" beim Hund ankommt – wenn er also die Erfahrung macht, dass sich genau bei diesem Geräusch **SITZ** das Hinsetzen unbedingt lohnt.

Auf einen Blick

Lerntheorie

- *Lernen findet immer statt, in jedem Augenblick während eines ganzen Lebens.*
- *Gelernt werden die Dinge, die der Organismus selbst für wichtig hält, und nicht die Dinge, von deren Wichtigkeit ein anderer überzeugt ist. Menschliche Moralvorstellungen von Gut und Böse, von Richtig und Falsch gelten für Hunde nicht und der Hund wird sie auch niemals nach unseren Maßstäben verinnerlichen.*
- *Dem Hund, der unsere Sprache nicht spricht, kann man nicht erzählen, was man von ihm will und was er wie lernen soll – er muss hier eigene Erfahrungen machen. Training bedeutet dann, dass Sie steuern, welche Erfahrungen Ihr Hund wann und wie macht.*
- *Lernen dient immer der Optimierung des eigenen Zustandes und gelernt wird durch die Konsequenzen des eigenen Verhaltens: Erfolg oder Misserfolg im Sinne der Optimierung des eigenen Zustandes.*
- *Damit der Hund lernen kann, muss sein Gehirn Informationen aufnehmen. Wieder sind Sie es, die dem Hund diese Informationen im Training optimal vermitteln.*

Beim vorherigen Beispiel der Arbeitsbereiche, die unbedingt miteinander verschaltet sein sollten, um das Kommando **SITZ** perfekt trainieren zu können, fehlte also noch einer. Es wurde der Bereich noch nicht erwähnt, der in diese Assoziation die Erfahrung „Erfolg“ bzw. „Misserfolg“ hineinbringt. Der Welpe muss nicht nur eine Assoziation zwischen dem Verhalten „Po auf den Boden“ und dem Signal **SITZ** herstellen, sondern er muss auch noch damit verknüpfen, dass die Verhaltensreaktion „Po auf den Boden“ im Zusammenhang mit **SITZ** etwas ist, was unbedingt Erfolg bringt. Nur dann wird er dieses Verhalten immer schneller und immer verlässlicher zeigen, wenn er das **SITZ** hört.

Belohnung ist wichtig – ein Leben lang

Eine Frage wird allerdings immer wieder gestellt und soll hier noch beantwortet werden: Ja! Ja, Sie werden Ihren Hund ein ganzes Leben lang immer wieder zwischendurch für gutes Ausführen von Kommandos belohnen müssen. Viele Menschen denken, dass ein Hund zwar anfangs, wenn er seine „Fremdsprache“ lernt, belohnt werden muss; spätestens wenn er das Trainierte einmal gut kann, sollte er aber keine Belohnung mehr benötigen. Das ist ein Trugschluss. Ein ganzes Leben lang braucht man für seine Handlungen auch Erfolgsmeldungen, also Belohnungen. Woher soll der Hund sonst wissen, dass die früher gelernte Assoziation noch gilt. Verhalten, welches auf Dauer nicht belohnt wird, lohnt sich auch auf Dauer nicht (da erfolglos) und wird irgendwann eingestellt. Dies gilt interessanterweise auch bei regelmäßiger

und ritualisierter Übungsmöglichkeit – die Perfektion geht einfach verloren. Besser für ein erfolgreiches Training und zum Halten des Trainingserfolges sind schon häufige, aber gleichzeitig auch kleine, kurze und unregelmäßige Trainingsintervalle.

Was bewirkt der Clicker?

Der Clicker bzw. das Geräusch, welches er produziert, wird im Training zu einem so genannten „sekundären Verstärker". Dies bedeutet nichts anderes, als dass der Click zu einem antrainierten Signal für „Erfolg" wird. Ihr Welpe weiß, dass er auf dem richtigen Weg ist, wenn er den Click hört. Er weiß, dass das Verhalten, welches im Zusammenhang mit einem bestimmten Signal „geclickt" wurde, ein Verhalten ist, welches man in Zukunft in Verbindung mit dem jeweiligen Signal ruhig öfter zeigen sollte, um einen Zustand zu optimieren.

Entwicklung – ein System wird „hochgefahren"

Bevor es mit dem eigentlichen Clickertraining losgeht, wollen wir noch ein wenig auf die Verhaltensentwicklung der Welpen eingehen. Weiter oben wurde ja schon angesprochen, wie wichtig im Hinblick auf das ganze spätere Leben Ihres Hundes die Welpenphase ist. Hier wird häufig der Grundstein dafür gelegt, ob man später einen problemlosen Hund oder ein Problem hat. Welpen durchlaufen bestimmte Entwicklungsphasen und gerade in diesen Phasen sollten bestimmte Dinge geübt werden. Jetzt lernt der Hund sie problemlos und sowohl er als auch seine Umwelt können ein Hundeleben lang davon profitieren. Z.B. lernt der Hund das Lernen an sich. Das Lernvermögen kann trainiert werden und je mehr man jetzt das Gehirn damit konfrontiert, umso leichter lernt es später auch völlig neue und fremde Dinge.

Unterschätzen Sie es nicht: im richtigen Moment zu belohnen ist nicht einfach. Training für den Hund ist auch immer Training für die Besitzer.

Die Entwicklung der Sinne

Ihr kleiner Hund kommt mit allem auf die Welt, was er für ein komplettes Hundeleben braucht – es ist nur zu Anfang noch nicht alles voll funktionstüchtig bzw. zum Teil noch im Dornröschenschlaf versunken und muss im Verlauf der ersten 12 bis 14 Lebenswochen des Welpen geweckt werden. Für das Wecken aus dem Dornröschenschlaf sind unter anderem Sie zuständig. Genauer gesagt ist dafür die Umwelt nötig und zuständig, und Sie als Besitzer sind einer der wichtigsten Bestandteile in der Umwelt Ihres Hundes.

Vom Sehen, Hören und Riechen

Die Sinnesorgane eines Lebewesens sind die Organe, über die es Kontakt zur Außenwelt/Umwelt herstellt. Nur über die Sinnesorgane werden die Informationen aus der Umwelt aufgenommen – und Informationen aus der Umwelt braucht der Hund, um sein eigenes Verhalten zu steuern und zu kontrollieren. Welpen in den ersten zwei Lebenswochen nehmen im Verhältnis wenig Informationen aus ihrer Umwelt auf, da erst wenige Sinnesorgane ihre Arbeit gut leisten können. Welpen in diesem Alter können noch nicht sehen und hören. Sie kommen mit komplett geschlossenen Augen auf die Welt und auch die Gehörgänge sind mit einer Membran verschlossen. Sehr laute Geräusche sind allerdings durch diese Membran zu hören, sodass Hundewelpen durchaus ein deutliches Erschrecken zeigen, wenn sie auf einmal ein extrem lautes Geräusch hören. Sinneseindrücke, die schon in den ersten zwei Lebenswochen recht gut verarbeitet werden, sind Geschmack und Geruch. So mittelgradig gut steht es um das Wahrnehmen von Berührungen auf der Haut und Temperaturen. Schmerzreize werden allerdings von Anfang an sehr gut wahrgenommen.

In den ersten Lebenswochen sind die Sinnesorgane also unterschiedlich gut entwickelt. Dies hat praktische Aspekte unter der Prämisse, dass es sich bei Hundewelpen um Nesthocker handelt, die vom Muttertier intensiv versorgt und gepflegt werden. Um gut wachsen und überleben zu können, braucht der Welpe anfangs nur gewisse Informationen aus seiner Umwelt: Er muss wissen, wo die Milchbar ist – und dazu braucht er eine Orientierungsmöglichkeit über den Geruch und Geschmack. Weiter zur Orientierung wichtig ist die Fähigkeit, Berührungen und Temperaturunterschiede zu erfahren: Der Welpe braucht die Nähe und damit Körperwärme seiner Mutter und Wurfgeschwis-

Ein Welpe bei einer Lieblingsbeschäftigung aus den ersten 14 Lebenstagen: Auftanken an der Milchbar. Gefunden hat er sie nach dem Geruch, denn sehen kann er noch nicht.

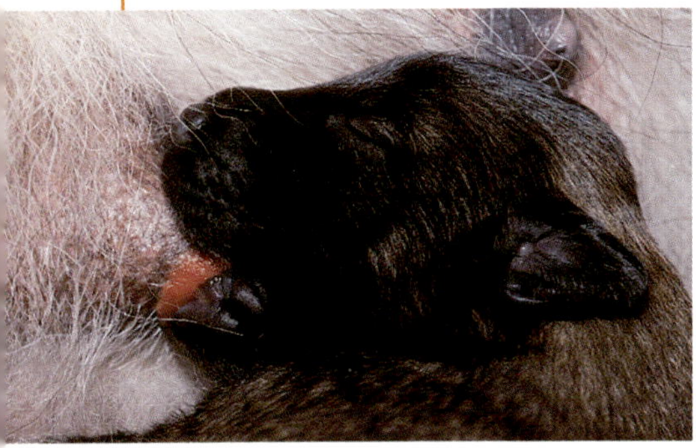

Diese drei entfernen sich bald immer weiter von Mama, um die Umwelt zu erkunden. Zwischen den Aktionen lockt die Futterquelle.

ter zum Überleben, da er selber zwar Temperaturunterschiede wahrnehmen aber noch nicht selber seine Körpertemperatur regeln kann.
Da Hundewelpen in den ersten beiden Lebenswochen noch kaum motorisch aktiv sind, brauchen sie die beiden Sinnesorgane nicht, die hier für eine kontrollierte Ausrichtung von Bewegungen sehr wichtig sind: Augen und Ohren.

Umweltkontakte langsam aufbauen

Erst ab der dritten Lebenswoche, wenn die Aktivität der Welpen deutlich zunimmt, werden auch diese Sinnesorgane wichtig. Die Augen öffnen sich ca. mit dem 10. Lebenstag und die Ohrkanäle 1–2 Tage eher. Können Hunde ab dann perfekt hören und sehen? Natürlich nicht: in diesem Buch geht es um das Lernen – und so wie der ganz junge Hund bestimmte nützliche Dinge lernen muss, so müssen auch seine Sinnesorgane lernen, Umweltsignale zu verarbeiten. Dies bedeutet, dass die entsprechenden Umweltsignale erfahren werden müssen, damit die Sinnesorgane lernen können, perfekt damit umzugehen. Die Qualität und die Quantität des jeweiligen Inputs entscheiden darüber, wie leistungsfähig der Organismus später ist. In den 70er Jahren des 20. Jahrhunderts hat man mit Hunde- und Katzenwelpen Untersuchungen durchgeführt, die die massiven Schäden, die durch mangelnden Input entstehen, drastisch gezeigt haben. Man hat z.B. Hundewelpen, nachdem sich die Augen geöffnet hatten, bis zum Ende der Sozialisationsphase nur im Dunkeln gehalten. Diese Hunde hatten später organisch gesunde Augen – waren aber vollständig blind, da das Gehirn nicht gelernt hatte, die einkommenden Lichtsignale zu verarbeiten. Katzenwelpen, die man bis zum Ende der Sozialisationsphase in einer Umwelt aufwachsen ließ, in der entweder nur alle waagerechten oder senkrechten Strukturen extrem betont waren, konnten sich später in einer Umwelt, in der beide Elemente vorkamen, nicht räumlich orientieren.

Auf einen Blick

Die Entwicklung des Verhaltens

Von der Natur ist das Prinzip sehr praktisch konstruiert: Anlagen im Überfluss und davon dann diejenigen behalten und formen, die man tatsächlich braucht. Der Welpe kommt mit bestimmten genetisch eng fixierten Verhaltensweisen auf die Welt, die erst einmal das primäre Überleben und Wachsen sicherstellen. Gleichzeitig ist aber auch schon eine gewisse Plastizität (Formbarkeit) genetisch angelegt, sodass das weitere Überleben in einer wechselhaften Umwelt wahrscheinlich und möglich ist. Nur über die Fähigkeit, Lernen zu können, kann dann eine größtmögliche Überlebenschance durch Anpassung sichergestellt werden. Dabei hat die Natur bestimmte Zeitabschnitte vorgesehen, in denen bestimmte Erfahrungen und Lernschritte wichtig und nützlich sind und in denen der Organismus extrem lernfähig dafür ist, weil es sich in der Evolution als praktisch erwiesen hat.

Was läuft bei diesen Entwicklungen im Gehirn ab?

Es wurde bereits angesprochen, dass Lernen nur möglich ist, wenn bestimmte Arbeitsbereiche im Gehirn schon vorab miteinander verschaltet sind. Die Verbindungsstellen zwischen den Neuronen, die Synapsen, müssen dabei eine bestimmte Qualität und Funktionalität besitzen, damit während des Lernvorganges die Verschaltung letztendlich fest und dauerhaft ausgebildet werden kann. Der springende Punkt hierbei ist, dass diese Verbindungen beim Welpen zwar größtenteils vorhanden, aber noch nicht sehr funktionstüchtig sind. Sie werden vom Körper in der Embryonalentwicklung quasi auf Vorrat angelegt. Während der frühen Entwicklung des Welpen werden diese Verbindungen nun „fit gemacht". Bestimmte dieser angelegten Verbindungen werden gestärkt – gestärkt werden können sie aber nur über den richtigen Input. Darum ist es so wichtig, dass der Hund bzw. seine Sinnesorgane in dieser frühen Entwicklungsphase so ein breites Spektrum an unterschiedlichsten Signalen aus der Umwelt kennen lernen. Die Verbindungen, die zwar angelegt, aber in der entsprechend vorgesehenen Zeit nicht genutzt werden, werden zurückgebildet bzw. übernehmen andere Aufgaben. So ist es erklärbar, dass ganze Bereiche im Gehirn, die eigentlich für die Verarbeitung von visuellen Signalen (über das Auge aufgenomme Sinneseindrücke) vorgesehen waren, nun für andere Tätigkeiten zuständig sind wie in dem beschriebenen Versuch mit den Hunde- und Katzenwelpen. Diese Arbeitsverteilung bzw. Umverteilung kann dann, je nachdem, wann und wie intensiv das Ganze stattfand, irreversibel sein.

Die Entwicklung des Verhaltens

Jede einzelne Lebensäußerung eines Lebewesens stellt ein separates Verhalten dar, unabhängig davon ob man die Atmung betrachtet oder die Nahrungsaufnahme oder eine Spielsequenz. Letztendlich sind all diese einzelnen Verhaltensweisen genetisch fixiert, da die Baupläne des Körpers, der Nerven sowie deren anfängliche Verschaltung und die Funktion der Muskulatur über das Erbgut bestimmt werden. Was aber gelernt werden muss, ist, wann, wo und wie bestimmte Verhaltensweisen gezeigt werden können oder gezeigt werden sollten.

Die verschiedenen Lernphasen für den Kot- und Urinabsatz sind hier ein gutes Beispiel. Einige Punkte des Stubenreinheitstrainings wurden ja weiter vorne schon angesprochen. Welpen können zunächst noch nicht aktiv ausscheiden. In den ersten beiden Lebenswochen massiert die Mutter über Lecken mit der Zunge den Bauch und Rücken der Welpen so lange, bis Kot und Urin abgegangen sind. Wenn die Muskelkontrolle insgesamt besser wird, können die Welpen auch langsam ihre Blasen- und Aftermuskulatur kontrollieren. Sie verlassen dann das Nest oder die Wurfkiste, um draußen ihre „Geschäfte zu verrichten". Jetzt findet zunächst ein prägungsähnliches Lernen auf denjenigen Untergrund statt, den der Hund zeitlebens dabei am liebsten unter den Pfoten haben möchte. Problemlos stubenrein werden in der Regel Hunde,

Welpen lernen am besten in entspannter, sicherer Umgebung. Hier ist es noch Mama, später müssen Sie den stressfreien Hintergrund bieten.

die in dieser Phase verschiedene Untergründe angeboten bekommen, die auch in der Natur vorkommen oder die solchen natürlichen Untergründen sehr ähnlich sind (Sägespäne, Sand, Laub, Erde). Probleme mit der Stubenreinheit können da entstehen, wo Welpen in dieser Phase (ab der 3./4. Lebenswoche) z.B. Teppichboden, Beton oder Fliesen als einzigen Untergrund zur Verfügung hatten. Für das Ausscheidungsverhalten lernt der Hund also zunächst, wann und wo er es am besten ausführen soll oder kann – abhängig vom jeweiligen Untergrund und Druck auf Blase und Enddarm. Ein späteres Umlernen ist bei Problemfällen (der Hund wird nicht stubenrein) durchaus möglich – es dauert aber immer deutlich länger als ein Lernen zum dafür vorgesehenen Zeitpunkt.

Reaktion auf Signale

Die eben genannten Faktoren (Untergrund, Druck in der Blase) stellen so genannte Signale dar, die darüber entscheiden, wann und wo das entsprechende Verhalten gezeigt wird. Jedes aktuelle Verhalten, welches ein Hund zeigt, stellt immer eine Reaktion auf bestimmte Signale dar. Diese Signale können dabei von innen (interne Signale wie z.B. Blasendruck, Hungergefühl, Hormonwirkung) oder von außen aus der Umwelt kommen (externe Signale wie Untergrund, Verhalten eines Rudelmitglieds, Anblick von Futter, Anblick einer läufigen Hündin, Signal **SITZ** des Besitzers). Das Zusammenspiel aller dieser Signale bewirkt beim Hund dann eine der Situation angepasste Handlungsbereitschaft (z.B. fressen oder sich lösen oder sich hinsetzen) und der Hund wird das jeweilige Verhalten zeigen. Handlungsbereitschaften sind sehr intensiv Lernvorgängen unterworfen. Zumeist stehen ja in der jeweiligen Situation immer mehrere Möglichkeiten zur Handlung zur Verfügung – und wenn es nur darum geht, ob man ein bestimmtes Verhalten zeigt oder nicht zeigt. Der Hund muss sich also für eine dieser Möglichkeiten entscheiden und die Reaktion der Umwelt auf seine Entscheidung wird beeinflussen, welches Verhalten der Hund dann das nächste Mal in einer ähnlichen oder gleichen Situation zeigt. Damit wären wir wieder beim Lernen an Erfolg und Misserfolg.

Die Kleinen lernen anhand der Körpersprache die momentane Stimmung der Mutter zu erkennen. Es wird Situationen geben, in denen eine derartige „Belästigung" nicht erwünscht ist und Mama wird es den Kleinen dann auch sagen.

Diese beiden trainieren spielerisch ihre sozialen Fähigkeiten. Auf das spätere Gruppenleben werden sie so gut vorbereitet.

Sozialverhalten will gelernt sein

Hunde sind soziale Lebewesen, aber die Verhaltensweisen, die im sozialen Miteinander gebraucht werden, sind zunächst ebenfalls im Dornröschenschlaf versunken. Und wie alles andere können sich auch die sozialen Kompetenzen nur entwickeln, wenn von außen danach gefragt wird. Ein Hund, der es nie nötig hatte, sich mit mehreren und/oder verschiedenen Lebewesen auseinander zu setzen, ist quasi nie gefragt worden. Aus diesem Grund ist es so wichtig, dass Sie mit Ihrem Welpen das weiterführen, was (hoffentlich) von der Mutter, den Wurfgeschwistern und vom Züchter begonnen wurde.

Angst vor dem Unbekannten

In der Sozialisationsphase bis zur 12./14. Lebenswoche lernt der Welpe nun, was für den Rest seines Lebens zu seinem Leben gehören wird – und damit als ungefährlich eingestuft werden kann. Wir wissen heute, dass tatsächlich die allermeisten aggressiven Reaktionen von Hunden aus Angst heraus geschehen. Angst oder Furcht empfindet man in Situationen, die man schon früher als gefährlich oder bedrohlich kennen gelernt hat – aber auch vor allem Neuem bzw. Unbekannten. Dies ist von der Natur eigentlich sehr klug eingerichtet.

Die Angst vor dem Unbekannten tritt auch bei Menschen auf, wenn auch einige Menschen gut gelernt haben, sie zu tarnen. Viele Menschen beurteilen es als negativ, Angst zu empfinden. Es ist in unserer Gesellschaft oft ein Zeichen von Schwäche und Versagen. Angst zu empfinden ist aber nichts Schlimmes. Im Gegenteil, es ist eine überlebenswichtige Fähigkeit. Warum ist es praktisch oder sogar klug, vor neuen, unbekannten Dingen generell zunächst einmal Angst zu haben? Weil es sehr große Vorteile im Hinblick auf die Optimierung des eigenen Zustandes bzw. auf die optimale Schadensvermeidung bringt. Wenn ein Lebewesen auf einmal etwas völlig Neues, Unbekanntes vor sich hat, besteht generell eine Chance von 50:50, dass dieses unbekannte Lebewesen oder Objekt entweder freundlich/ungefährlich oder unfreundlich/gefährlich ist. Wer nun vor allem Neuen oder Unbekannten zunächst aus Vorsicht abwartend stehen bleibt oder sogar versucht, es zu vertreiben bzw. zu flüchten, hat eine 100%tige Chance, am Leben zu bleiben – versäumt aber zu 50%, einen neuen Freund zu treffen. Wer dagegen auf alles Neue und Unbekannte gleich unbefangen zuläuft, hat nur eine Chance von 50%, am Leben zu bleiben. Genau dann nämlich, wenn das fremde Ding freundlich ist. Es hat also gewisse Vorteile, zunächst befangen und vorsichtig zu sein.

Vor allem und jedem wegzulaufen bzw. ihn zu bekämpfen hat auch gewisse Nachteile. Wer mit anderen in einer Gruppe leben muss, sollte sich zumindest mit diesen verstehen und verständigen können, sonst wird das Leben recht einsam und vor allen Dingen unendlich stressvoll.

Lernen in der Gruppe

Der Welpe lernt, wer er ist und wer die anderen sind; er lernt, wer zu welcher Gruppe oder Kategorie gehört; er lernt, sich mit den anderen zu verständigen und welche Spielregeln insgesamt herrschen.

Außerdem lernt der Hund etwas über die unbelebte Umwelt, in der er sich zurechtfinden muss. Er lernt z.B., dass es laute Objekte in unterschiedlichen Größen gibt, die sich mal schneller und mal langsamer be-

Lassen Sie dem Welpen die Zeit, die er zur Erkundung braucht. Jeder Druck von außen in solchen Situationen kann sonst spätere Probleme schaffen (in diesem Beispiel könnte es Angst vor fließendem Wasser sein).

wegen und die stinken. Er lernt, dass ihn im Alltag die verschiedensten und zum Teil unangenehmen Geräusche und Gerüche begleiten etc. Vor den Dingen, die er in der Sozialisationsphase kennen gelernt hat, wird er später keine Angst haben. Sie gehören quasi zu seinem Referenzsystem, an dem er alles Neue messen wird.

Lernen von Gefahren

In der Sozialisationsphase lernt der Welpe die sozialen Spielregeln und die Kommunikation in der Gruppe. Damit dies optimal ablaufen kann, ist ein Welpe anfangs ein Tier, welches keine Angst empfindet. Nur so kann er zunächst einmal viel ausprobieren und viele Dinge unbefangen kennen lernen. Erst um die fünfte Lebenswoche herum beginnen Hundewelpen, Angst zu empfinden. In der freien Natur wäre dies die Zeit, wo sich ein Welpe aufgrund der verbesserten körperlichen Fähigkeiten vom Rudel weiter entfernen würde. Damit würde er Gefahr laufen, einem Feind zu begegnen. Jetzt ist es also für die Schadensvermeidung besser, wenn die kleinen Alarmglocken im Kopf auch hin und wieder läuten und der kleine Hund lieber das Weite sucht statt unbefangen auf Fuchs, Kojote oder Bär zuzulaufen. Wenn der Welpe allerdings auch bei der Annäherung von jedem Onkel oder jeder Cousine aus dem Rudel gleich das Weite gesucht hätte, hätte er viele lebenswichtige Dinge nie lernen können.

Abgabe vom Züchter

Wenn Sie Ihren Welpen mit acht bis zehn Wochen vom Züchter holen, halten sich bei ihm Angst und Unbefangenheit/Neugier gerade so die Waage. Es wird diskutiert, ob dieses Alter nun wirklich das optimale ist, um den Hund abzugeben. Wir denken ja. Noch länger zu warten würde das Risiko beinhalten, dass der Welpe an seine neue und damit ab jetzt permanente belebte und unbelebte Umwelt nicht mehr optimal sozialisiert werden kann. Die Zeit um die achte/neunte Lebenswoche ist eigentlich optimal. Der Hund hat bis dahin schon eine Menge von Mama und den Wurfgeschwistern gelernt und ist noch aufgeschlossen genug, um auch seine neue Umwelt in sich aufzusaugen.

Vor der achten Lebenswoche sollte ein Hund allerdings nur im Notfall abgegeben werden. Der Welpe muss einfach auch die Zeit haben, von seiner Mutter und am besten auch noch von Onkeln oder Tanten zu lernen. Der Notfall kann nicht aus Platzmangel beim Züchter oder aus finanziellen Gründen bestehen – als Notfall würde z.B. eine ernste Erkrankung oder sogar der Tod der Mutterhündin gelten.

Sie haben nun also Ihren Welpen mit der achten Lebenswoche bekommen. Ihr Hund kann schon eine Menge, aber von Perfektion ist er noch weit entfernt und eingewöhnen muss er sich auch erst einmal. Dies können Sie ihm erleichtern, indem Sie ihm genau sagen, welches Verhalten erfolgreich ist und welches nicht. Wie diese Kommunikation abläuft und welche Rolle der Clicker dabei spielt, wird später erklärt. Zunächst soll noch auf einen weiteren wichtigen Aspekt im Zusammenleben zwischen Hund und Mensch eingegangen werden: das Rudel und die Rangbeziehung.

Rudelverhalten und soziale Hierarchie

Die soziale Gruppe

Der Hund ist ein Rudeltier. Dieser knappe Satz bedeutet, dass Sie bestimmte Verhaltensweisen bei Ihrem Hund erwarten können (sie sind so sicher wie das sprichwörtliche „Amen" in der Kirche) und dass Ihr Hund auf der anderen Seite auch bestimmte Verhaltensweisen von Ihnen erwartet. Gerade aus diesem Bereich „Sozialverhalten" und „soziale Gruppe" entspringen viele Probleme im Zusammenleben Mensch–Hund. Eher selten trifft dabei die Schuld den Hund – er kann sich eben doch nur so verhalten, wie es für einen Hund typisch ist. Häufig entstehen Probleme, weil Menschen falsche Erwartungen an ihren Hund und sein Verhalten haben und weil es in der Kommunikation Missverständnisse gibt.

ClickerTipp

Damit es im sozialen Zusammenleben zwischen Ihnen und Ihrem Hund möglichst keine Probleme gibt, sollten Sie schon beim Welpen darauf achten und von Anfang an alles in die richtigen Bahnen lenken. Es ist immer einfacher (und außerdem schneller und kürzer), gleich in die richtige Richtung zu laufen, als später umständlich neue Wege zu suchen oder falsche zurückzugehen.

Das Leben im Rudel

Gewisse Punkte müssen beachtet werden, damit es mit dem Miteinander klappt. Der wichtigste ist die Tatsache, dass Hunde tatsächlich hochsoziale Tiere sind. Für Hunde ist ein Leben in der Gruppe einer der wichtigsten Punkte im Hinblick auf die Optimierung des eigenen Lebens: Das Leben in der Gruppe gibt Sicherheit. Hunde sind dabei durchaus auch schon mit einer Zweiergruppe zufrieden, denn sie können sich in einer Struktur „Hund und sein Besitzer" genauso arrangieren wie in einer Gruppe, die aus weiteren Hunden und/oder Menschen besteht. Immer muss dabei vom Menschen ein weiterer wichtiger Punkt bedacht werden: Hunde wollen nicht nur in einer Gruppe leben, sondern sie wollen auch wissen, wo sie in dieser Gruppe stehen. Hunde fühlen sich nicht wohl und sind gestresst, wenn sie in dieser Hinsicht nicht genau wissen, woran sie sind. Und jeder Hund wird früher oder später von sich aus anfangen, eine Gruppenstruktur (eine soziale Hierarchie) zu etablieren, wenn der Mensch ihm hier keine Vorgaben macht und die Organisation aus der Sicht des Hundes aus der Hand gibt.

Rang und Dominanz

Was sind Rang und Dominanz aus der Sicht des Hundes?

Aus Erfahrung lässt sich sagen: Rang oder Dominanz ist für Hunde meist etwas anderes als für die meisten Menschen. Menschen verbinden hiermit häufig solche Attribute wie „diktatorisch" oder „despotisch". Das Alphatier wäre dann der Chef der Gruppe, der seine „Untergebenen" mit Gewalt unterdrückt und beherrscht. So einfach und platt regeln Hunde ihr Zusammenleben aber nicht und Konflikte entstehen häufig dann, wenn Menschen meinen, nun ihren angestrebten höheren

Diese Hunde kennen sich und zeigen ihren sozialen Status gegeneinander. Der Große rechts und der Kleine vorne imponieren; von links wird Spielverhalten zur Deeskalation des Konfliktes gezeigt und der liegende Hund zeigt leichte Unsicherheit und Demutsverhalten (Submission).

Rang gegen den Hund mit Gewalt und Unterdrückung durchzusetzen.

Wenn Hunde untereinander eine Rangbeziehung haben, bedeutet dies automatisch, dass sie zumindest eine lockere soziale Gruppe herausgebildet haben. Eine Rangbeziehung bildet sich nur unter Tieren heraus, die sich sozial kennen. Dann hat nämlich jeder eine Vorstellung davon, wie „fit" der andere ist. Man weiß um des anderen Fähigkeiten in der Kommunikation, man weiß um Körperkraft und um mögliche Ambitionen hinsichtlich der Position, die der andere einnehmen möchte. Nur so, über die wiederholte Kommunikation im sozialen Miteinander, kann sich ein Verhältnis unter Hunden und zwischen Hund und Mensch entwickeln, bei dem man sagen kann, dass einer der dominante (= der ranghöhere) und ein anderer der subdominante (= der rangniederere) ist.

Bei Welpen läuft dies noch etwas anders als bei den ausgewachsenen Hunden. Wenn Ihr Welpe mit 8–10 Wochen zu Ihnen kommt, müssen Sie sich auf der einen Seite natürlich auch erst über eine gewisse Zeit kennen lernen, um eine Beziehung überhaupt herauszubilden. Auf der anderen Seite ist ab dem Moment, wo Ihr Welpe erfahren hat, dass man mit Ihnen sozial kommunizieren kann, schon eine gewisse Hierarchie etabliert, bei der Sie zumindest zu Beginn automatisch etwas höher stehen als Ihr Hund. Dies liegt daran, dass Hundewelpen zwangsläufig von Anfang an in eine Hierarchie hineinwachsen. Zumindest mit der Mutter bestand – bei den meisten unserer heutigen Hundehaltungsmodelle – bis zur Abgabe ein entsprechendes Verhältnis. Wenn man sich Wölfe oder Gruppen verwilderter Hunde ansieht, wachsen Welpen dort in eine sehr viel größere Gruppe hinein; neben der Mutter gibt es den Vater, Onkel und Tanten, Großtanten oder -onkel sowie diverse ältere Voll- oder Halbgeschwister. Der ganz wichtige Punkt hierbei ist der, dass das „Hineinwachsen in die Gruppenstruktur" nicht bedeutet, dass die älteren Tiere von Anfang an mit den Welpen auf die gleiche Art und Weise umgehen wie untereinander.

Der Status des Welpen in der Gruppe

Die Welpen müssen die Hundesprache erst lernen. Wenn ein ranghoher erwachsener Hund einen anderen erwachsenen Hund drohfixiert, um ihn z.B. in die sozialen Schranken zu verweisen, sprechen beide die gleiche Sprache und jeder weiß beim anderen, woran er ist. Ein vier Wochen alter Welpe spricht diese Sprache noch nicht und hat auch noch keine große Vorstellung davon, was eine soziale Gruppe überhaupt ist. Der Welpe lernt aber im Laufe des Zusammenlebens mit den Älteren, was die einzelnen Signale bedeuten. Er lernt z. B., dass ein Drohfixieren eines älteren Rudelmitgliedes für bestimmte Situationen die Information beinhaltet: „Hör auf/Geh weg/Lass es sein." Der Welpe lernt den Informationsgehalt dieses Signals durchaus auch auf die harte Tour. Anfangs wird er nichts damit anzufangen wissen und nicht weggehen. Darauf folgt vielleicht ein Nasenrückenrunzeln und Zeigen der Zähne beim älteren Tier. Vielleicht wird auch schon geknurrt. Auch diese Signale wird der Welpe anfangs nicht kennen. Nun wird unter Umständen geschnappt. Der Welpe erschreckt sich und vielleicht tut es auch kurzfristig weh. Der Welpe lernt: Drohfixieren bedeutet, eine Handlung im eigenen Interesse abzubrechen, denn sonst wird es ungemütlich. Das Signal Drohfixieren ist mit einem ersten Inhalt, einer ersten Information gefüllt. Später kommen noch andere hinzu. Der Welpe lernt, dass bestimmte Signale in jeweils bestimmten Situationen unterschiedliche Informationen tragen können. Je mehr der Welpe nun die Hundesprache gelernt hat, umso seltener wird echtes offensiv aggressives Verhalten in der Kommunikation zwischen ihm und seinen Rudelkumpanen gezeigt werden.

Beißen etc. wird unnötig, wenn beide die soziale Kommunikation beherrschen. Hier Signal „Geh weg!"

Satellitenstatus

Nur wenn man die gleiche Sprache spricht, kann man sich über bestimmte Dinge unterhalten – z. B. darüber, wer auf welchem Platz in der Hierarchie der Gruppe steht. Aus diesem Grund ist nun auch verständlich, warum die Welpen bis zu dem Punkt, an dem sie die Sprache einigermaßen perfekt beherrschen, noch nicht im eigentlichen Sinne in die Gruppe integriert sind, sondern eher so eine Art „Satellitenstatus" am Rande der sozialen Gruppe innehaben. Dabei bedeutet dies nicht, dass die Gruppen im Alltag deutlich getrennt sind. Zwischen Welpen und älteren Hunden oder Wölfen finden viele Interaktionen statt – aber an der sozialen Struktur bzw. Hierarchie als solcher sind die Welpen noch keine aktiven Teilnehmer. Auch innerhalb der kleinen gemischten Gruppe, die Sie nun mit Ihrem Welpen bilden, muss sich erst eine gemeinsame Sprache entwickeln, bevor Sie beide ernsthaft über Rang sprechen können. Und wieder hilft Ihnen eine klare, eindeutige Kommunikation, wie sie z.B. sehr gut über den Clicker laufen kann, diese Sprache schnell aufzubauen.

Jeder Wolf in dieser Gruppe kennt seine Position und die damit verbundenen Aufgaben.

Ressource Fortpflanzung

Es gibt aber noch einen anderen Grund, warum Welpen eher am Rande der sozialen Struktur der Gruppe angesiedelt sind, wobei sie natürlich den absoluten Schutz der Gruppe genießen.

Hier scheint es wichtig, sich noch etwas mit dem Prinzip „Rang" insgesamt zu befassen. Die spezielle soziale Struktur der Wölfe und (leicht verändert) unserer Hunde, hat sich in Jahrmillionen der Evolution entwickelt. Ziel dieser ganzen sozialen Strategien ist immer, dass das Tier, welches sich insgesamt am kompetentesten erweist, mit größtmöglicher Chance Nachkommen haben soll. Im Wolfsrudel haben in den meisten Fällen nur die ranghöchste Fähe (Wölfin) und der ranghöchste Rüde Nachkommen. Diese Tiere haben über ihre Position gezeigt, dass sie die fittesten, d.h. die kompetentesten, sind. Dabei wird Dominanz nicht generell über Aggression gezeigt – Chef ist also nicht der, der am besten und schnellsten beißen kann.

Chef ist der, der möglichst viele Attribute des ranghohen Tieres in sich vereint: Er ist derjenige, der subtil das soziale Miteinander in der Gruppe bestimmt. Das ranghohe Tier agiert und die anderen reagieren. Druck und Zwang sind nicht grundsätzlich nötig, weil eine etablierte Rangbeziehung auch bedeutet, dass der andere den bestehenden Rangunterschied anerkennt. Das ranghohe Tier hat alles Recht auf alle Ressourcen, wann immer es will. Umgekehrt wird auch ein Schuh daraus: Derjenige, der bekommt, was er will, und der sich jederzeit die Ressource nehmen kann, die er haben möchte, ist der Chef. Wenn wir

davon ausgehen, dass das Tier, welches im biologischen Sinne das fitteste ist, dasjenige Tier ist, welches die meisten Nachkommen gezeugt hat, dann stellt der Fortpflanzungspartner letztendlich die wichtigste Ressource dar, um die sich eine Auseinandersetzung lohnt. Welpen stellen für andere Gruppenmitglieder noch keine Konkurrenz um diese Ressourcen dar. Sie werden erst zu Konkurrenten, wenn sie in die Pubertät kommen. Erst dann wird es auch für einen Welpen und nun Junghund wichtig, sich Gedanken über so etwas wie seine eigene Position in der Gruppe zu machen. Und so lässt sich erklären, warum Welpen manchmal Narrenfreiheit in der Gruppe haben und warum sie auf den ersten Blick für den Laienbeobachter voll integriert in die Gruppe wirken, während sie eigentlich am Rande angesiedelte Nutznießer der Vorteile der Gruppe sind.

Nichts ist **umsonst**

Vom Pseudoking zum King

Im Hunderudel würden Welpen langsam als Vollmitglieder in die Gruppe hineinwachsen. Sie würden ihre Fühler ausstrecken und sich eventuell auch Schrammen auf der Nase holen, wo sie diese zu schnell zu weit vorstrecken. Bei den Welpen, die beim Menschen aufwachsen, sieht dies etwas anders aus. Die meisten Welpen wachsen hier mit der Vorstellung heran, dass sie „King“ sind. Spätestens dann, wenn dieser „Pseudoking“ vor oder nach der Pubertät meint, dass ihm bestimmte Dinge nun aber auch richtig zustehen, kann es Konflikte geben. Wo lag das Problem? Das Problem lag darin, dass dieser „süße“ Junghund unter Umständen drei bis fünf Monate mit dem sprichwörtlichen goldenen Löffel im Mund bei Ihnen gelebt hat. Er bekam Aufmerksamkeit, wann immer er es forderte, z.B. wenn er zaghaft anfing, sich bestimmter Ressourcen zu bemächtigen, die man ihm selten in Hundesprache streitig gemacht. Wenn er jammerte, durfte er raus, es gab zu fressen oder es gab Sozialkontakt und und und.

Das soll nun natürlich nicht heißen, dass Sie all diese Dinge Ihrem kleinen und größeren Hund vorenthalten sollen, damit er weiß, wo er steht. Als soziales Lebewesen braucht Ihr Hund Sozialkontakt und er braucht sein Futter genauso wie die Möglichkeit, sich draußen zu lösen. Es kommt wie so oft auf die goldene Mitte an. Natürlich muss Ihr kleiner Hund zu bestimmten Zeiten raus und nichts wäre schädlicher als ein Welpe, der nicht stubenrein wird, weil er nicht lernt „Bescheid“ zu sagen. Genau an diesem Punkt sollten Sie also nicht ansetzen und

Ihrem Hund die Dinge verweigern, die er haben will. Ein wichtiger Punkt, an dem Sie gleich von Anfang an ansetzen können, ist Ihre Aufmerksamkeit, also der Sozialkontakt. Lassen Sie den Welpen doch für Aufmerksamkeit arbeiten. Schnell lernt der Kleine: „Nichts ist umsonst." Wenn Sie sich jedes Mal, wenn er ankommt, wortlos wegdrehen (den Hund ignorieren) und dafür aber immer dann mit ihm Kontakt aufnehmen, wenn er es nicht erwartet, wird er zu einem aufmerksamen Hund, der sehr darauf achtet, ob Sie nun gerade Lust haben auf Streicheln oder Ähnliches – oder nicht. Rufen Sie den Kleinen immer dann, wenn er gerade nicht aktiv mit Ihnen Kontakt aufnehmen will, und geben Sie ihm dann nette Dinge wie ein Leckerli oder eben Streicheln oder andere Aufmerksamkeiten (Spiel). Hier ist der Clicker ideal, denn Sie können dem Welpen auf Distanz signalisieren: „Super, was du da gerade machst; und nun komm und hol dir die Belohnung ab."

Auf einen Blick

Ignorieren bedeutet...

– nicht ansehen
– nicht ansprechen
– nicht anfassen
... und das alles gleichzeitig und sofort (im Sekundenbruchteil) wenn der Hund Aufmerksamkeit will. Aber beachten Sie: wenn Ihr Hund um Aufmerksamkeit bettelt und Sie schieben ihn weg, haben Sie ihn gerade nicht ignoriert.

Aller Anfang ist schwer

Man muss sich nichts vormachen: Diese Dinge werden Ihnen unter Umständen anfangs schwer fallen, so wie sie den meisten Welpenbesitzern schwer fallen. Die kleinen Hunde sind einfach zu süß und man hat sich den Hund ja gerade auch als Sozialpartner angeschafft. Man möchte mit ihm Sozialkontakt haben, ihn streicheln, spielen etc. Entscheidend ist, dass Sie genau wie der kleine Hund all diese angenehmen Dinge bekommen bzw. geben dürfen – aber eben nur nach ganz bestimmten Spielregeln. Sie dürfen Ihren kleinen Welpen ruhig 20.000 mal am Tage streicheln oder mit ihm spielen – nur eben möglichst *nie*, wenn er es eingefordert hat. „Nichts ist umsonst", ist das Zauberwort. Und wenn der Welpe das erst einmal verinnerlicht hat, gibt es auch später wenig Konflikte um die Rangposition. Der Hund kann nämlich genau unterscheiden, ob er auf dem Sofa liegen darf, weil er als Ranghöherer das Recht dazu hat, oder ob der ranghohe Mensch ihm den Sofaplatz gestattet hat.

Der Welpe hat sich freiwillig auf den Rücken gelegt – er wurde nicht umgeworfen.

Rang und Gehorsam

Bedrohung durch Kommandos?

Ein Mythos muss noch angesprochen werden: die gern zitierte Verbindung zwischen Rang und Gehorsam. Ein Hund, der sich unterordnet, also eine submissive Körpersprache zeigt, sagt in diesem Augenblick demjenigen, dem die Botschaft gilt, dass er dessen höheren Rang anerkennt. Sehr oft wird Submission gezeigt, wenn vorher ein kleinerer oder größerer Konflikt bestanden hat. Dann hat es nämlich der rangniedere nötig, den ranghöheren zu besänftigen und die Situation zu deeskalieren. Wenn ein Hund ein Kommando seines Besitzers befolgt, ist dies zumeist genau das: ein gut gelerntes Kommando und keine submissive Geste. Wenn es jedes Mal tatsächlich eine submissive Geste wäre, wenn der Hund ein Kommando ausführt, wäre das eigentlich eine Information über einen traurigen Zustand: Ihr Hund würde sich dann nämlich durch Kommandos zuallererst von Ihnen bedroht fühlen; dies ist aber kein angenehmes Leben und Zusammenleben.

Wenn man sich hier noch einmal den Urahn der Hunde ansieht, den Wolf, wird man beobachten, dass man sich unter Wölfen sehr wenig Kommandos gibt. Kein Wolf wird sich hinstellen und dem anderen sagen: „Mach Sitz", oder „Mach Platz". Wölfe sagen sich untereinander nicht, was der andere tun soll, sondern was der andere nicht tun soll. Solche Signale kommen vor: „Geh weg von meinem Platz", „Geh weg von meinem Knochen", „Lass meine Partnerin in Ruhe", oder „Lass mich in Ruhe". Und dabei geht es dann natürlich häufig auch um Hierarchie. Derjenige, der den anderen belästigt oder Besitztümer nimmt, meldet dadurch unter Umständen Anspruch auf eine höhere Rangposition gegenüber dem anderen an. Wenn es nun heißt: „Geh weg", und der Störenfried geht wirklich, ist das momentane Rangverhältnis geklärt. Aber Vorsicht: Nicht jede Interaktion um ein Objekt oder um eine Person endet gleich mit einem intensiven Informationsaustausch, wer welchen Rang hat.

Auf einen Blick

Chefallüren

Seien Sie ein konsequenter, gerechter, ruhiger und subtiler Chef und Sie werden sehen, dass die Zeit, die Sie jetzt investieren, nutzbringend für die nächsten 10–15 Jahre ist.
Der Clicker hilft Ihnen dabei, denn er ist ein sehr neutrales Medium. Wenn Sie dem Hund erst einmal beigebracht haben, was der Click bedeutet (siehe S. 46) ist er in seiner Wirkung immer gleich, unabhängig davon, ob Sie sich gerade 10 Minuten vorher über ein zerkautes Stuhlbein geärgert haben oder nicht. Nun können Sie den Kleinen neutral loben, weil er brav am Kauknochen nagt oder fein an der Leine läuft. Am Clickgeräusch merkt der Welpe nicht, ob Ihnen gerade fast der Kragen platzt vor Wut – an Ihrer Stimme würde er es sofort merken.

Eine unsichere Drohung. Dieser Wolf fühlt sich bedroht und zeigt es über seine Körpersprache.

Hunde und Wölfe gehen, wie gesagt, sehr subtil miteinander um. Feine Signale können eine immense Bedeutung haben und wer am lautesten brüllt, ist nicht unbedingt der Chef. Also interpretieren Sie nicht gleich in jede Interaktion, die zwischen Ihnen und Ihrem Welpen stattfindet, einen massiven sozialen Konflikt – aber bedenken Sie die Gesamtinformation, die Sie Ihrem Hund durch Ihr eigenes Verhalten geben.

Auf den Chef wird geachtet

Gehorsam von Hunden gegenüber Menschen hat also insgesamt wenig mit der Hierarchie zu tun. Einen Zusammenhang gibt es allerdings doch: Das Training geht dort leichter, wo der Hund generell eine hohe Bereitschaft hat, auf Signale seines Menschen zu achten. Und diese Bereitschaft ist mit vom Rangunterschied abhängig. Auf den Chef wird geachtet. Man möchte es nicht verpassen, wenn man über ihn an die guten Dinge heran kann bzw. er einem signalisiert, dass er bereit ist diese zu verteilen. Umgekehrt achtet der Chef eher selten auf die unteren Ränge. Also erleichtern Sie sich das Training über eine klare Vorgabe zur Gruppenstruktur. Aber auch hier muss zur Vorsicht gemahnt werden: Sehen Sie nicht jedes Mal, wenn der Hund nicht auf Sie achtet, die Gruppenstruktur durch ihn in Frage gestellt. Es gibt viele Gründe, warum ein Hund ein Kommando nicht ausführt – manchmal kann es schlicht und ergreifend daran liegen, dass Sie schon zu viel vom Welpen oder später auch vom Hund verlangen.

„Mensch ärgere dich nicht“ – der Schlüssel zum Erfolg

Was bedeutet es, wenn ein Hund nicht das macht, was wir von ihm wollen? Dieser Frage wollen wir hier noch einmal intensiver auf den Grund gehen. Haben Hunde eine Vorstellung von Moral, von Gut und Böse? Wissen sie, wenn sie etwas nach menschlichem Ermessen „falsch“ gemacht haben und haben sie ein schlechtes Gewissen? Viele Fragen und nur eine Antwort: Nein.

Die Welt aus dem Blickwinkel des Hundes sehen

Stellen Sie sich einmal folgende Situation vor: Sie stehen am Rande der Wiese und rufen Ihren jungen Hund, der in der Mitte intensiv an einem Mauseloch schnuppert – vier Meter Distanz, und der Hund guckt nicht einmal zu Ihnen hoch. Und das nach all den Monaten Training, denken Sie jetzt vielleicht. Wenn Sie dies ruhig denken, zu Ihrem Hund hingehen, ihn an die Leine nehmen und im Weggehen darüber nachdenken, was schief gelaufen ist, gehören Sie zu einer klugen Minderheit. Zum Glück ist diese Minderheit langsam dabei, zu wachsen und irgendwann in naher Zukunft zur Mehrheit unter den Hundebesitzern zu werden. Was kann man in solchen Situationen noch erleben? Das Kommando bis zu zehnmal hintereinander laut brüllen; zum Hund hinrennen und ihn am Nackenfell vom Mauseloch wegreißen; sich über den Hund stellen, ihn anbrüllen und dabei das Ohr knebeln usw. Ob der Hund davon lernt, beim nächsten Rufen sofort zu kommen, ist die Frage. Allzu oft sieht man die gleichen Besitzer über Jahre die gleichen „Erziehungsmaßnahmen" anwenden – ohne dass sich Wesentliches im Hundegehorsam ändert. Wenn man einmal von den Fällen absieht, wo ein Hund aus Altersgründen effektiv schlechter hört, dann ist beim genannten Beispiel und allen anderen Situationen, wo Hunde nicht gehorchen, eigentlich nur einer schuld, wenn es schief geht: der Besitzer/Trainer.

„Gehorsamstraining" so verpacken, dass es beiden Spaß macht ... dann klappt es.

Das bedeutet, man hat zwei Möglichkeiten:

1. Man hat gar keine Lust/Zeit zu trainieren: Dann muss man den „ungehorsamen" Hund so akzeptieren, wie er ist, und darf ihn nicht dafür strafen.
2. Man hat das dringende Bedürfnis, dass der Hund „gehorsamer" wird, und man hat Zeit/Lust zu trainieren: Dann muss man trainieren!

Das Wort Gehorsam wurde hier bewusst in Anführungsstriche gesetzt. Menschen neigen dazu, ihre Welt aus einem menschlichen Blickwinkel zu sehen – was ja auch normal ist.

Ebenso sieht der Hund seine Welt aus dem „Hundeblickwinkel". Vom Hund können wir nicht erwarten, dass er dies ändert – der Mensch ist in dem Zweiergespann derjenige, der dazu bereit sein muss. Training/Erziehung wird nur erfolgreich sein, wenn wir bereit sind, uns auf den Hund einzulassen. Wer das vorherige Kapitel aufmerksam gelesen hat, weiß, dass Hunden unsere menschliche Ethik, unsere Moralvorstellungen von gut – böse, richtig – falsch, erwünscht – unerwünscht, völlig fremd sind. Eine Definition für „Gehorsam" existiert ja auch unter Menschen nur innerhalb der Ethik und Moral eines Kulturkreises. Verschiedene Kulturkreise haben ihre eigene Moral und ihre eigenen Definitionen für „gut" und „böse" etc. Den menschlichen Begriff „Gehorsam" auf Hunde anzuwenden ist problematisch. Genau hier entstehen solche Äußerungen wie: „Der Hund will mich ärgern", oder: „Er weiß genau, was er nicht darf." Hunde wollen nicht ärgern, wenn sie nicht gehorchen – sie sind dann in genau dem Moment schlicht und ergreifend nicht motiviert, das Kommando auszuführen. Ob sich ein Mensch darüber ärgert, ist dem Hund egal – und für die momentane Motivation des Hundes sind neben bestimmten inneren Faktoren beim Hund vor allen Dingen die Menge und Art des Trainings zuständig; beides wird vom Menschen gesteuert. Wer im Training und beim Abrufen von Kommandos mit seinem Hund den Begriff „Gehorsam" benutzt, muss also berücksichtigen, dass es in der Hundewelt dafür keine oder eine andere Definition gibt.

Auf einen Blick

Fehlverhalten

Man sollte Fehlverhalten nicht immer gleich bestrafen, sondern man sollte die jeweilige Situation lieber als eine wichtige Information ansehen. Sie erhalten nämlich so eine Information darüber, wo Sie selbst im Training „geschlampt" haben – wo Sie Signale vielleicht nicht eindeutig genug definiert oder wo Sie nicht intensiv genug geübt haben. Haben Sie eine Vorstellung davon, wie oft man bestimmte Dinge im Training wiederholen muss, bevor man davon ausgehen kann, dass sie tatsächlich perfekt sitzen?

Das berühmte schlechte Gewissen

Auch das berühmte „schlechte Gewissen" kommt so nicht beim Hund vor. Hunde lernen schnell, die Dinge zu verknüpfen, die für sie wichtig sind. Für einen Hund, besonders einen jungen Hund, ist es wichtig, schnell zu lernen, in welchen Situationen sein Rudelkumpan schlecht gelaunt ist; das heißt, in welchen Situationen sein Rudelkumpan aggressiv reagieren könnte. Erinnern Sie sich: Unser menschliches Schimpfen und eventuell körperliches Strafen ist ja für den Hund nichts anderes als menschliches Aggressionsverhalten. Was ist aber typisches Verhalten gerade für einen jungen Hund in einer Situation, in der der Rudelkumpan aggressiv reagiert? Richtig: Der Hund zeigt submissives Verhalten, um den Konflikt zu deeskalieren. Und die Körpersprache und Mimik, die ein Hund dabei zeigt, ist leider der menschlichen Körpersprache beim „schlechten Gewissen" ganz verflixt ähnlich.

Dieser Welpe zeigt im Ansatz aktive Demut gegen einen Ranghöheren.

Anfangs muss man manchmal den Weg in eine bestimmte Körperhaltung hinein „Zeigen". Auch so kann man einem Hund das **PLATZ** beibringen: unter dem ausgestreckten Bein, dem Leckerli hinterher, kann er gar nicht anders als auf dem Bauch zu rutschen.

Gehorsam ohne Training funktioniert nicht!

Sheila Booth, eine sehr bekannte Schutzhundeausbilderin in den USA, nannte auf einem Seminar einmal ihre Zahlen im Training: 5000–7000 Wiederholungen bei so „einfachen" Dingen wie dem akkuraten **SITZ**.

Dies bedeutet nichts anderes, als dass Sheila erst davon ausgeht, dass ein Hund das akkurate **SITZ** perfekt beherrscht und generalisiert hat, wenn sie 5–7000 Wiederholungen durchgeführt und alle möglichen Situationen dabei berücksichtigt hat, in denen das **SITZ** gut klappen soll. „Akkurat" und „generalisiert" heißt hier Folgendes: Der Hund setzt sich mit dem Po auf den Boden, sowie das Kommando ertönt, egal wo er sich gerade befindet, wie hoch die Ablenkungen um ihn herum sind und welche Tätigkeit er gerade vorher gemacht hat. Dann bleibt er so lange sitzen, bis Frauchen etwas anderes sagt.

Abbrechen einer Handlung

Wenn Sie mit einem Strafwort wie **PFUI**, **AUS** oder **NEIN** arbeiten möchten, gibt es noch einen weiteren Grund, warum Sie nicht „einfach so" bestrafen sollten. **NEIN**, **PFUI**, **AUS** sind wohl die gängigsten Strafwörter hierzulande – eines oder mehrere davon benutzt fast jeder Hundehalter automatisch. So wie ein Hund die Bedeutung eines Zischgeräusches **SITZ** erst lernen muss, so muss er die Bedeutung eines **PFUI** auch erst lernen. Es ist also auch hier wichtig, zunächst zu definieren, was der Hund im Zusammenhang mit **PFUI** tun soll. Die meisten Besitzer wollen zwei Dinge:

1. Der Hund lässt die Tätigkeit sein, die er gerade ausgeübt hat. Wenn er z. B. dabei war, am Stuhlbein zu kauen oder in Richtung Hauptverkehrsstraße zu laufen, soll er diese Tätigkeiten sofort sein lassen/abbrechen.

2. Der Hund soll merken, dass er damit etwas Böses und/oder Falsches gemacht hat, und wird es darum nie wieder zeigen.

Der erste Wunsch der Besitzer ist sehr realistisch. Es ist vernünftig, ein Kommando zu haben, mit dem man die Handlung (egal welche) seines Hundes sofort und zügig beenden kann. Man muss sich aber darüber im Klaren sein, dass es sich tatsächlich um ein Kommando handelt ... und damit kommt Punkt zwei ins Spiel. Natürlich wird kein Hund der Welt mit dem Geräusch **PFUI** jemals verknüpfen können, dass er im Sinne menschlicher Vorstellungen gerade etwas Falsches gemacht hat. Man muss also das **PFUI** oder **NEIN** genauso trainieren wie jedes andere Kommando auch. Sie brauchen viele Wiederholungen und der Hund muss konsequent die Erfahrung machen, dass es sich für ihn lohnt, auf das Signal **PFUI** hin eine Handlung abzubrechen.

Seien Sie eine Autorität

Soll man also gar nicht strafen – liegt das Heil der Hundeerziehung im antiautoritären Vorgehen? Das kann man so einfach sicher nicht sagen – es wäre auch biologisch nicht möglich. Die paradiesische Welt, in der ein Hund immer nur alles richtig machen kann und nur positive Verstärkung braucht, haben wir nicht. Ein Hund muss lernen, wie er sich in der Welt, wie wir sie ihm bieten, verhalten soll, damit

Auf einen Blick

Strafe in Hundesprache

Eine Handlung abzubrechen kann sich natürlich auch nach einer direkt einwirkenden Strafe lohnen. Aber dann muss es auch eine Strafe in Hundesprache sein: ein tatsächlich aversives (= unangenehmes) Signal, welches die entsprechende negative Emotion im Hund auslöst und darüber bewirkt, dass das „Lernen am Misserfolg“ stattfindet . Nicht jede Maßnahme, die Menschen für eine Strafe halten, ist für den Hund tatsächlich eine. Der Hund, dem es um die Aufmerksamkeit geht, nimmt eventuell kleinere Unannehmlichkeiten wie ein dröhnendes Ohr oder ein schmerzhaftes Ziehen am Hals dabei in Kauf.

Auf einen Blick

Autorität

Antiautoritäre Erziehung ist sicher nicht die richtige Art, seinen Hund zu erziehen – aber die Autorität für den Hund sind Sie nicht einfach dadurch, dass Sie laut sind, aggressiv sind und ihm Schmerzen zufügen. Autorität erlangen Sie dadurch, dass Sie dem Hund vermitteln: „Ohne diesen Zweibeiner läuft nichts." Als Autorität haben Sie dann Einfluss über das Steuern von Erfolg und Misserfolg. Erfolg signalisieren Sie z.B. über den Clicker. Und Misserfolg? Hier muss man noch einmal die Aussage betonen, dass es biologisch gesehen nicht möglich ist, rein über positive Verstärkung zu erziehen. In diesem Sinne kann es dann nämlich ein Misserfolg für den Hund sein, wenn er den Click nicht hört! Eine erwartete Belohnung nicht zu bekommen, ist ein unangenehmes Erlebnis, was Auswirkungen auf die momentanen Gefühle hat.

für ihn ein insgesamt positiver und angenehmer Zustand erreicht wird. Dies beinhaltet immer beide Elemente: Lernen am Erfolg und Lernen am Misserfolg. Wenn man ins Lexikon schaut, findet man im Zusammenhang mit „Autoritäten" etwas unterschiedliche Definitionen. „Antiautoritäre Erziehung" bedeutet eine Erziehung ohne Zwang und Repression. Eine „autoritäre Person" herrscht totalitär und diktatorisch und fordert unbedingten Gehorsam. Eine „Autorität" ist eine einflussreiche Person von hohem fachlichem Ansehen. In diesem Sinne sollten Sie eine Autorität für Ihren Hund sein: ein konsequenter, gerechter, ruhiger und subtiler Chef, wie weiter vorne schon angesprochen.

Den totalitären Herrscher gibt es im Hunderudel nicht

Die beiden anderen zitierten Definitionen sollte man sehr kritisch überdenken. Den „totalitären" oder „diktatorischen" Herrscher gibt es zumindest bei den Wölfen und verwilderten Hunden nicht – und so würde auch Ihrem Welpen und späteren älteren Hund jedes Verständnis für derartiges Verhalten von Ihnen fehlen. Er wird durch Repression, Druck oder Zwang zwar kurzfristig Verhaltensänderungen zeigen, aber es fehlt in der Regel das dauerhafte Lernen und es besteht die Gefahr, dass der Hund das Vertrauen in Sie verliert. Stachelhalsbänder sind ein schönes Beispiel dafür, wie die Erziehung über Schmerz und Zwang aus dem Ruder laufen kann. Stachelhalsbänder werden als Erziehungshilfe für Hunde verkauft, die nicht manierlich an der Leine gehen können. Man kann es aber auch so formulieren: Wer seinem Hund einfach ein Stachelhalsband umhängt, weil er so an der Leine zieht, ist nur zu faul, vernünftig zu trainieren. Wenn es wirklich eine „Erziehungshilfe" wäre, sollte nach einer kurzen Zeit der „Erziehung" der Trainingsinhalt „sitzen" und das Halsband würde unnötig werden. Damit hätte man tatsächlich ein Lernen am Misserfolg erreicht. Warum gibt es dann so viele Hunde, die ein ganzes Hundeleben lang mit dem Stachelhalsband herumlaufen?

Mit dem Clicker bekommt er den richtigen Weg gezeigt und lernt ein neues Kommando – z. B. für „Klettern“ oder „Springen“.

Teilen Sie Ihrem Hund deutlich mit, welches Spiel Sie wollen und wann es zu heftig wird.

Konsequente Ja/Nein-Kommunikation

Bemühen Sie sich um eine konsequente Ja/Nein-Kommunikation mit Ihrem Welpen. **JA** ist der Click und bedeutet: „Super, richtig, Erfolg, von diesem Verhalten bitte mehr und öfter.“ **NEIN** ist „kein Click“, das Ignorieren oder auch das entsprechend auftrainierte **PFUI**, **NEIN**, **AUS** und bedeutet: „Fehler, mit diesem Verhalten erleidest du nur Misserfolge, lass es sein“. Mit einer derartig einfachen, genau definierten und konsequent benutzten Sprache können Sie Ihrem Welpen wunderbar vermitteln, was Sie von ihm wollen, und er wird von Anfang an beim Lernen in die richtige Richtung geschickt.

Und damit soll es nun wirklich genug mit den theoretischen Überlegungen sein und die Praxis, auf die Sie nun hoffentlich ganz neugierig sind, fängt an. Als Erstes werden Sie lernen, wie Sie den Clicker „laden“, sodass Ihr Welpe weiß, was das Geräusch bedeutet. Danach werden wir spezielle Übungen beschreiben, wo Sie den Clicker als Bestätigung einsetzen können. Wir zeigen Ihnen Schritt für Schritt, wie Sie zu ganz speziellen Trainingszielen kommen können.

Click für Click die Übungen spielerisch lernen

Konditionierung
des Clickers

Wie erfährt der Welpe, dass Click „Prima kommt sofort“ bedeutet? Wenn Sie viermal nach einem Click sofort ein Futterstückchen geben, ist es schon passiert. Künftig kürzen wir ab: C&B = Click gefolgt von Belohnung. Als Ergebnis haben Sie einen bettelnden Welpen. Ignorieren Sie ab sofort seine direkten Bemühungen. Aber wenn er Sie kurz anschaut, gibt es einen Click und ein Futterstückchen. Damit sind Sie schon bei der ersten Übung, „Schau zu mir“, die auf S. 68 beschrieben ist. Und was meinen Sie, wie schnell er versuchen wird, den Clicker durch einen Schnauzenstoß zum Klicken zu bewegen.

Auch wenn Sie jetzt sehr neugierig sind, muss ich Sie erst einmal stoppen. Sie benötigen noch einige Regeln, die Sie stets im Hinterkopf parat haben sollten.

Wann immer Sie jetzt klicken – und danach ein Futterstückchen geben oder ein Spiel starten –, wird der Welpe das Geräusch als eine Bestärkung seines momentanen Verhaltens empfinden, auch wenn ihm Futter oder eine andere Belohnung erst deutlich später zugänglich sind.

Gezielt üben – aber wie?

Es gibt Verhaltensweisen, die Sie gezielt üben müssen, und andere, die sich aus dem täglichen Ablauf

Auf einen Blick

Futterbelohnung

Das Futter darf in einer kleinen Schüssel auf dem Tisch stehen, wenn Sie im Haus üben. Sie greifen erst nach dem Click hinein. Am besten üben Sie zwei, drei Meter von der Schüssel entfernt. Im Freien hat sich ein „Napf am Stiel“ bewährt. Für Alltagsübungen führen Sie das Futter in einer Bauchtasche o. Ä. mit.
Das Futter sollte weich und schmackhaft und die Stückchen sehr klein sein. Der Welpe soll es „einatmen“ können und nicht darauf herumkauen müssen.

Die Hand berührt? – Click – und schon gibt es Futter ...

Click

... aus der anderen Hand. Die Konditionierung erfolgt ganz nebenbei.

ergeben. Da der Clicker informiert, ist es gleichgültig, was Sie gerade üben.

1. Gezielte Übungen halten Sie bitte kurz. Nach wenigen kleinen Fortschritten geben Sie den Welpen mit einem Spiel frei. Da Sie ihn in keiner Weise zwingen, nicht einmal mental, wird er Ihnen anzeigen, ob er noch weiter dieses interessante Lernspiel machen möchte. Hört er von sich aus auf, lassen Sie ihn. Lernen aktiven Verhaltens, das keinen Spaß macht, ist nicht sehr wirksam.
2. Verhaltensweisen im Alltag können Sie oft nicht einfach wiederholen, da sich die Gelegenheit nicht immer steuern lässt. Begegnungen mit anderen Hunden, einer Katze, einem Vogel können Sie nicht nach Wunsch und Lehrbuch beeinflussen. Dafür müssen Sie umso wacher sein, wenn die Gelegenheit da ist. Wo Sie etwas gezielt aufsuchen können, tun Sie das bitte. Der junge Hund kommt schnell in die sensible Phase des Erwachsenwerdens, sodass Sie die Gelegenheiten vorher nicht versäumen sollten.
3. Das Lernen am Erfolg ist zunächst immer sehr stark an die Umgebung, in der es erstmalig stattfand, geknüpft. Wenn Sie selbst einen ersten Erfolg wiederholen möchten, werden Sie versuchen, die Umstände möglichst genau zu reproduzieren. Sie scheinen Ihre Erfolgsgaranten zu sein. Erst bei kleinen Variationen erkennen Sie allmählich, was wirklich wichtig und was zufällig war. Dieses Einprägen der Umstände, vor allem des Ortes, ist natürlich auch beim Welpen zu finden. Deswegen sollten Sie Situationen immer wieder bewusst verändern. Auf seinen Namen soll ein Welpe bald überall hören, d.h. Blickkontakt mit Ihnen aufnehmen. Auf seinen Namen sollte er auch hören, wenn andere ihn rufen.
4. Sie können natürlich das Orts- und Umstandslernen ganz bewusst ausnutzen, z. B. wenn Sie den Welpen immer an einer bestimmten Stelle anleinen, wenn er ein bestimmtes Stück an der Straße immer eng bei Ihnen gehen soll, wenn er vor dem Überqueren der Straße absitzen soll.

Zwei Welpen drängeln sich, was tun?

Bestärken Sie Teamverhalten!

Das fördert Kooperativität statt Konkurrenz.

Ein flotter Start und ebensolches Tempo ...

... mit Click markiert – Futter ist versprochen ...

Click

... formt den Welpen zu *Ihrem* Hund.

Futter als Bestechung ist legal

Wenn andere Leute Sie beobachten und mitleidig darauf hindeuten, dass der Hund das alles Ihnen zuliebe tun muss, dass Futter den Charakter verdirbt und Sie einen Hund bestechen, lassen Sie sie reden. Sie haben nämlich später Ihren Hund so, wie Sie ihn sich erzogen haben, nicht der andere!

Operantes Lernen fordert zwingend den Übergang zu seltenerer und weniger vorhersagbarer Belohnung. Machen Sie es sich einfach zur Regel, ein mustergültiges Verhalten gelegentlich wieder zu belohnen. Ihr Hund wird sich nicht immer mustergültig verhalten, aber immer öfter, gerade wenn die Belohnungen seltener geworden sind.

Der schlimmste Fehler, der Ihnen unterlaufen kann, ist Gleichgültigkeit gegenüber einem guten Hundeverhalten zu zeigen, gemäß dem schwäbischen Sprichwort: „Nicht geschimpft ist gelobt genug“.

Was ein Hund **können** muss

Was muss ein Hund im Zusammenleben mit einem Menschen wirklich können, um ein möglichst freies Leben genießen zu dürfen und dabei bei Menschen gern gesehen und geborgen zu sein?
Es ist eigentlich sehr wenig:

- Er muss unbeweglich verharren können, wenn Sie es von ihm verlangen.
- Er muss kommen, wenn Sie es wollen, und sich in Ihrer unmittelbaren Nähe aufhalten, ohne Ihnen an der Leine den Arm auszureißen.
- Und er muss sich anfassen und manipulieren lassen, wenn Sie es für nötig erachten.

Wenn Sie sich klein machen, werden Sie für den Welpen hundlicher.

Ich sehe förmlich Ihren zweifelnden Gesichtsausdruck. Also schauen wir uns einige Alltagssituationen an.

Ihr Hund schnüffelt selbstvergessen auf dem Weg vor Ihnen. Ein Traktor nähert sich. Wenn Ihr Hund unter die wuchtigen Räder gerät, ist es um ihn geschehen. Wenn er zu Ihnen kommt, sobald Sie ihn rufen, können Sie ihn sichern. Verharrt er zuverlässig, wenn Sie es verlangen, ist das genauso gut. Ob der Hund steht, sitzt oder liegt, ist dabei gleichgültig, solange er absolut ruhig bleibt. Sitzen oder liegen ist aber in bestimmten Situationen für die anderen beteiligten Menschen besser verständlich.

Wenn Ihnen ein unbekannter Hund entgegenkommt, haben Sie das gleiche Problem. Entweder kommt Ihr Hund zu Ihnen oder er wartet, bis Sie ihn freigeben. Das wäre der Idealzustand aus Ihrer Sicht. Und das ist durchaus zu erreichen, wenn Sie Ihrem Hund ein ausgewogenes Hundeleben bieten mit den Sozialkontakten, die er braucht.

Wenn Ihr Hund dann auch noch leinenführig ist, haben Sie einen Traumhund. Nicht zerren ist sozusagen das Sahnehäubchen, dem wir aus gutem Grund einige Seiten widmen. Zerren an der Leine ist erlerntes Verhalten, bei dem der Mensch der Lehrer ist. Wenn Sie einen 50-kg-Hund an der Leine und Ischias im Kreuz haben, werden Sie an meine Worte denken – schmerzverzerrt oder dankbar.

Ihren Hund manipulieren, ihn anfassen, hinlegen, überall kontrollieren müssen Sie genau dann, wenn es darauf ankommt. Mancher Tierarzt ist in seiner Selbstbeherrschung arg gefordert, wenn so ein richtig heftiger Hund sich nicht behandeln lässt. Wenigstens die Spritze, die ihn beruhigt, sollte er sich geben lassen.

Alles andere sind Kunststücke, die Sie üben können und sollen. Ihrem Welpen macht es Spaß zu lernen. Er ist jetzt nur zum Lernen auf der Welt. Er lernt bei jedem Wetter etwas, drinnen und draußen. Beobachten Sie genau, was er lernt. Er kann es gegen Sie verwenden! Damit Sie den Überblick behalten, sollten Sie die Lerngesetze beachten.

Die Gesetze des Lernens

Bestärkung und Strafe

Alles, was die Situation verschlechtert, gilt als „Strafe“. Die Wirkungen von Bestärkung und Strafe sind gut erforscht.

Bestärktes Verhalten wird wiederholt. Je öfter es bestärkt wird, desto häufiger tritt es auf. Verhalten, das nicht weiter bestärkt wird, erlischt. Es sinkt auf die Häufigkeit zufälligen Verhaltens. Zuvor wird es aber erstaunlicherweise nochmals intensiver. Erloschenes Verhalten, das wieder bestärkt wird, tritt nach kurzer Zeit in voller Intensität wieder auf. Dieser Zusammenhang ist die Nährmutter vieler Unarten und begründet den Ruf nach Konsequenz.

Verhalten, dessen Bestärkung sich von Immerbestärkung auf gelegentliche Bestärkung ändert, wird intensiver und sicherer.
Diese „unlogische“ Eigenschaft von Bestärkung ist ein ganz wesentliches Mittel der Praxis.
Ankündigung von Bestärkung kann selbst intensiv bestärken. Genau das ist die Aufgabe des Clickers!

Verknüpfen von Bestärkung und Strafe mit Reizen

Der Hund verknüpft in seinem Leben Bestärkung und Strafe sehr genau mit Reizen, die damit zusammentreffen und sie offensichtlich ankündigen. Sind diese Ankündigungen zuverlässig, kann der Hund sein Leben optimieren. Er hat alles unter Kontrolle, was er dazu benötigt. In einem Satz zusammengefasst heißt es: „Signale kündigen die Folgen von Verhalten an.“ Dass in den Folgen Ordnung herrscht, ist Aufgabe des Menschen.

Im Gegensatz zu Bestärkungen sind Strafen äußerst schwierig anzuwenden und zu kontrollieren. Wir werden sie gar nicht in Betracht ziehen, denn je mehr unterschiedliche Bestärkungen dem Hund durch erwünschte Verhaltensweisen zugänglich sind, desto weniger Motivation verbleibt für unerwünschtes Verhalten. Das ist der eigentliche Schlüssel zum Erfolg. Und deswegen favorisieren wir das Clickertraining.

Angeborene Verhaltensweisen verhelfen dem Welpen zu seinen ersten Erfolgen.

Bestärkung

- Bestärkungen müssen zur Motivation des Hundes passen.
- Bei *Immerbestärkung* wird ein Verhalten jedes Mal bestärkt. Sie dient dazu, ein Verhalten auszuwählen und häufig werden zu lassen.
- Bei *Quotenbestärkung* wird regelmäßig nur jedes zweite (2 : 1) oder dritte (3 : 1) usw. richtige Verhalten bestärkt. Sie beschleunigt die Ausführung des Verhaltens.
- Bei *Zufallsbestärkung* wird richtiges Verhalten nur im Mittel, z. B. dreimal innerhalb von fünfzehn richtigen Ausführungen, bestärkt. Man kann sie leicht aus der Quotenbestärkung entwickeln. Sie lässt ein Verhalten sehr sicher und zuverlässig werden.
- *Jackpot* nennt man eine sehr großzügige Bestärkung in Qualität oder Quantität. Er ist vor allem für Hartnäckigkeit und Ausdauer beim Finden des richtigen Verhaltens nützlich.
- *Ignorieren* – Nichtbestärkung lässt das Verhalten auf eine zufällige Häufigkeit schwinden. Ignorieren ist sehr nützlich, wenn keine anderen Bestärker wirksam sind.

Dies im Alltag umzusetzen, ist Ihr Weg zum Können. Alles Weitere ist Handwerk.

Beenden einer Übung

Ein abruptes Übungsende wirkt als Strafe. Nehmen Sie das, wofür sich der Welpe zu interessieren beginnt, als Belohnung der letzten Übung. Wollen Sie vorher aufhören, lenken Sie die Aktivität auf ein anderes Ziel. Ihr Welpe kann sich ohnehin nur wenige Minuten konzentrieren. Haben Sie den rechten Moment verpasst, veranlassen Sie ihn noch zu einer ganz einfachen Übung, die er schon gut kann, etwa **SITZ** oder Anschauen auf Namensruf, und geben ihn nach dem Click frei. Einen Welpen können Sie zum Abschluss sehr gut mit einem Kaugegenstand bestärken, der ihm sonst nicht zugänglich ist. Die Milchzähne und der Zahnwechsel sorgen hier für eine Dauermotivation.

Auf einen Blick

Lerngesetze

Verhalten, das eine Umweltantwort hervorruft, wird von dieser „bestärkt" oder „bestraft". Auch Nichtstun kann in der Natur bestraft werden.
Alles, was die momentane Situation verbessert, ist „Bestärkung".
Sie kann additiv sein, wenn der Hund etwas für ihn Wichtiges erhält. Dazu zählen Futter und Sozialkontakt.
Bestärkung kann subtraktiv sein, wenn etwas Unangenehmes entfernt wird. Befreiung von Schmerz oder aus misslichen Situationen fällt hierunter. Bestärkung kann auch Aufschub von bekannten unangenehmen Ereignissen sein! Der momentane Zustand wird ja verbessert.

„Gehorsam" – oder wann ist ein Signal wirksam?

Auf Namensruf …

… Blickkontakt? Click! …

… und der Welpe wird mit einem tollen Spiel belohnt.

Ein Tier wird aktiv, wenn es Bedürfnisse empfindet. Was aber soll es tun? Wenn es dazu klare Hinweise auf die Erfolgsaussichten einer möglichen Handlung bekommt, wird es diese bevorzugen. An Glücks-, Geschicklichkeits- und Computerspielen können Sie das Prinzip für sich erkennen. Denken Sie an den klassischen Flipperautomaten: „1000 points when lit" – 1000 Bonuspunkte beim Treffen des beleuchteten Ziels. Und der gewiefte Spieler versucht alles, *jetzt* dieses Ziel zu treffen. Er führt auf ein Signal des Automaten ein bestimmtes Verhalten zuverlässig aus. Leuchtet die Bonusankündigung nicht, trifft er das Ziel dennoch gelegentlich, aber er konzentriert sich nicht darauf. Im Prinzip wünschen Sie das von Ihrem Hund – alles zu seiner Zeit zu tun. Und noch etwas ist zu beachten: Der Spieler wird versuchen herauszufinden, was er tun muss, um das Signal zum Leuchten zu bringen. Es geht um die Kontrolle der Situation.

Aber „1000 points" sind nicht attraktiv, wenn der Spieler Hunger hat. Er wird die Spielhalle verlassen und einen Pizzastand aufsuchen. Wenn richtiges Verhalten auf Signal hin gerade mit den Handlungen bestärkt wird, die für den Hund besonders attraktiv sind, dann wird er es auch unter allen Umständen auf Signal hin zeigen. Zuverlässige Folgsamkeit ist also auch die Kunst, hundegerechte Bestärkungen zu erkennen und zu verwenden.

Der eigene Name – Lernen von Aufmerksamkeit

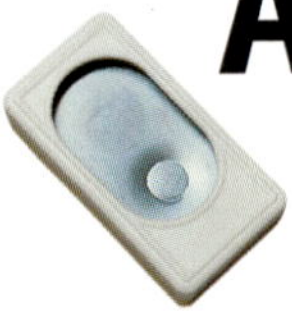

Hör auf deinen Namen – schau zu mir

Was nützt es, wenn Ihr Hund einen wunderschönen Namen hat, nur leider nicht auf ihn reagiert?

Wenn wir unseren Namen irgendwo hören, wissen wir, wir sind gemeint. Und genauso soll ein Hund seinen Namen empfinden: Du bist gemeint. Hunde nehmen Blickkontakt auf, wenn sie den anderen meinen. Darum sollte die erste Reaktion auf den Namen der fragende Blick zu Ihnen sein. Es mag Sie wundern, dass das eine Übung sein soll. Worte sagen dem Welpen bislang noch nichts. Häufige Wiederholungen von bedeutungslosen Signalen erhärten deren Bedeutungslosigkeit. Ständiges Rufen des Hundenamens ohne irgendwelche Folgen sorgt dafür, dass dieser Name als bedeutungsloses Hintergrundgeräusch bewertet wird. Das entspricht einem der ehernen Lerngesetze, der Habituation oder Gewöhnung. Günstigstenfalls wirkt der Name wie eine Kuhglocke. Der Welpe weiß: „Ach, da bist du."

Für den Welpen kann sein Name auch negativ belegt werden. Wenn ihm nach Namensnennung häufig etwas Unangenehmes widerfährt, kündigt sein Name Ungemach an. Das geschieht, wenn Sie der Versuchung erliegen, ihn immer nur dann zu rufen, wenn Sie ihn reglementieren wollen. Diese Negativverknüpfung kann noch an weitere Signale, z. B. Orte, gebunden sein.

Wie's funktioniert

Nun aber die positive Seite des Namenlernens. Während Sie mit dem Kleinen spielen, dürfen Sie knurren, fiepen und allerlei Laute von sich geben, aber reden Sie ihn nicht mit seinem Namen an. Wenn Sie aber meinen, „jetzt möchte ich mit dir spielen", sagen Sie leise, aber auffordernd seinen Namen. Er reagiert mit einem Blick in Ihre Richtung? Ein Click und schon geht die Post ab. Machen Sie es kurz. Wenden Sie sich wieder ab, sagen Sie seinen Namen nach einigen Sekunden erneut. Er reagiert sofort mit Blickkontakt? Click und Spiel.

Auch wenn Sie ihn füttern wollen, sagen Sie seinen Namen, und nur wenn er Sie daraufhin anschaut, holen Sie die Futterschüssel und stellen sie ihm hin.

Der kleine Riesenschnauzer ist abgelenkt …

… er reagiert auf den Namen? Click …

… und die interessante Stelle wird gemeinsam untersucht.

Draußen achten Sie darauf, welche Stellen für andere Hunde sehr interessant sind oder welche Ihrem Welpen gestern sehr wichtig waren. Ist er in der Nähe noch mäßig mit etwas anderem beschäftigt, sagen Sie seinen Namen. Er reagiert? Click – und Sie laufen zu der interessanten Stelle, ermuntern ihn mitzukommen. Hocken Sie sich hin, „untersuchen" Sie die Stelle. Sie gewähren ihm Anteil an Ihrer Aktivität.

Bei all diesen Übungen ist es wichtig, dass Sie den Namen zunächst nur sagen, wenn der Welpe nicht oder nur sehr schwach abgelenkt ist. Und tun Sie es leise. Die Lautstärke prägt sich mit ein.

Vorsicht Falle!

Eine häufige Ursache für entstehende Probleme und emotionale Zerwürfnisse ist, zu warten, bis die Situation da ist, in welcher der Hund auf Zuruf reagieren soll. Da er es dann nur aus Zufall richtig macht, entstehen Situationen mit hohem Stresslevel auf beiden Seiten. Der Name, das Kommando, wird so ungewollt zur Ankündigung einer Stress-Situation.

Freiheit genießen – durch zuverlässiges Kommen

Kommen auf Ruf ist der Traum und Albtraum aller Hundehalter. Entweder der Hund kommt auf den Ruf oder er kommt nicht. Alle Vorsätze über Konsequenz und Durchsetzen von Befehlen werden Makulatur, wenn der Hund weit entfernt aktiv ist und völliges Desinteresse an einer Distanzverminderung zeigt. Manche Hundeneulinge lassen sich vom angeborenen Folgeverhalten des Welpen täuschen, und das auch dann noch, wenn Unternehmungsgeist und Erkundungsverhalten zunehmen und dieses Verhaltensmuster erlischt. Erst wenn es in der Pubertät richtig Ärger gibt, muss schleunigst etwas geschehen.

Nirgends werden so viele Fehler gemacht wie beim Üben des Kommens. Wenn Sie allerdings meinen, der Hund habe zu kommen, und zwar sofort wenn Sie rufen, weil Sie sein Mensch sind, ihm Futter und einen warmen Liegeplatz geben, dann verschenken Sie dieses Buch. Es wird Ihnen nichts nützen.

Ohne Training geht es nicht

Das Problem sind nicht der Hund und sein Ungehorsam, seine Sturheit, sondern menschliche Faulheit und Inkonsequenz. Sie üben das Kommen nicht in verschiedenen Übungssituationen, sondern warten auf den Ernstfall? Und wenn der Welpe dann kommt, ist er der Dumme. Er wird angeleint oder auf den Arm genommen. Schluss mit der großen Freiheit. Das ist nicht seine Bedarfsdeckung. Warum also sollte er gern kommen? Worin liegt der Vorteil aus seiner Sicht? Wenn Sie langweilig für Ihren Hund sind, seine Interessen nicht teilen, dann werden Sie dieses Problem nie lösen können. Ich meine das ernst. Sie müssen die Interessen des Hundes teilen. Er kann Sie nur als Hund sehen.

ClickerTipp

Wer sich einen Hund ins Haus nimmt, entscheidet sich für Ärger. Irgendwann wird der Tag kommen, an dem der Hund nicht mehr zuverlässig kommt. Kommen kann eine sehr schwierige Übung für den Hund darstellen. Üben Sie lieber unter allen möglichen Umständen. Üben heißt aber auch, Fehler zu ignorieren.

Bestärkung mit dem Clicker

Kommen können Sie aus der Aufmerksamkeitsübung entwickeln. Auf Namensruf schaut Ihr Welpe sofort zu Ihnen – Sie ermuntern ihn mit einer leichten Kopfbewegung zum Kommen, dessen Beginn Sie sofort bestärken. Sie klicken, wenn er sich in Bewegung setzt. Die Erwartung einer Belohnung macht ihm Beine. Er kommt. Sie spielen mit ihm oder geben ihm ein Futterstückchen. Später warten Sie einige Schritte ab, bevor Sie klicken. Danach verzögern Sie, bis er fast bei Ihnen ist. Aber während er kommt, wedeln Sie mit der Hand oder zeigen anders Ihre Freude. Das vermittelt dem Welpen, dass er alles richtig macht: „Mach weiter so." Ist er da, spielen Sie kurz und wenden sich dann wieder von ihm ab. Das Spiel mit Ihnen will verdient sein, und zwar durch wiederholtes Kommen. Üben Sie Kommen zunächst nur, wenn der Welpe erkennbar nicht abgelenkt ist. Günstig ist es, ihn zu ermuntern, wenn sein Interesse an einem Gegenstand, einem Ort gerade erlischt. Denken Sie daran, dass das Verhalten (zu Ihnen zu kommen), sicher vorhersagbar sein muss, bevor Sie an das Einführen des Signals denken.

Kommt Ihr Welpe in schnellem Tempo heran – sofort Click …

… und wenn er bei Ihnen ist, gibt es noch ein Leckerchen.

Zurückhalten des Hundes und Verbergen des Menschen …

… fördert die Motivation zu kommen.

Click

Erleichterung und Freude werden mit verknüpft.

KOMM, HIER oder wie? Einführen des Signals

Wie wollen Sie Ihren Welpen künftig herbeirufen? Sie können KOMM sagen. Falls Sie Hundesport nicht interessiert, ist HIER gut geeignet, das dort mit dem Vorsitz verknüpft ist. Das HIERHER liegt Ihnen vielleicht näher. Aber 90% der Information und Wirkung liegen bereits in der ersten Silbe. Ich persönlich benutze den Namen für die Blickverbindung und ein Handsignal, um den Hund an die Hand kommen zu lassen. Dort angekommen kann ich ihn festhalten oder weiterschicken, am häufigsten Letzteres.

Vorsicht **Falle!**

Da der Welpe nach dem Click kommt, um die Belohnung abzuholen, ist die Versuchung groß, den Clicker als Rufsignal einzusetzen. Überlegen Sie, was Sie dem Welpen über seine Aktivität dabei vermitteln: „Was du gerade machst, ist prima!" Meinen Sie das wirklich?

Kommen auf Pfiff

Wenn der Hund weit entfernt oder gar außer Sicht ist, nützt Ihnen KOMM wenig. Ist das bei einem Welpen noch kein Thema, wird es später doch vorkommen. Den Pfiff empfehle ich deswegen so nachdrücklich, weil alle Hunde darauf sehr gut reagieren. Er hat einen hohen Aufmerksamkeitswert. Hunde verknüpfen ihn sehr gut. In Situationen, wo ihn ein Wort im Kopf nicht mehr erreicht, reagiert ein Hund

Endlich wieder-gefunden! So wird Kommen selbstverständlich.

noch zuverlässig auf den vertrauten Pfiff. Das habe ich selbst getestet und von vielen erfahrenen Hundebesitzern bestätigt bekommen. Der Pfiff ist ungleich wirkungsvoller als ein gerufenes Wort. Er sollte Glükkshormone im Hund ausschütten. So schön kann Kommen sein. Und Sie sorgen dafür, dass „Kommen" so positiv verknüpft wird. Dazu verhilft das „Vereinsamen". Eigentlich ist es gemein, so einen kleinen Kerl weit zurückzulassen. Aber das überaus positive Gefühl, wieder kommen zu dürfen, wird mit dem Pfiff verbunden. Und damit haben Sie alle Trümpfe in der Hand. Während Ihr Kleiner sich fast überkugelt, um zu Ihnen zu gelangen, bleiben Sie nicht steif stehen, sondern zeigen Ihre Begeisterung überdeutlich. Er soll Ihre Freude sehen!

Sie können auf den letzten Metern den Clicker nochmals einsetzen. Nun weiß Ihr Kleiner ganz sicher, dass er alles richtig macht, und wird auch das Finish mit vollem Tempo durchhalten. Jetzt feiern Sie die Zusammenführung des Teams. Sie dürfen ihn streicheln, mit ihm spielen, aber anleinen sollten Sie ihn nach dem Kommen anfangs sehr selten. Und wenn Sie es tun, lassen Sie ihn nach wenigen Sekunden wieder frei oder gehen Sie schnell die wenigen Schritte dorthin, wo es interessant für ihn zu sein scheint. Es macht ihn glücklich, Sie wieder zu finden. Und genau diese Emotion wird mit dem Pfiff verknüpft. Dabei nutzen Sie aus, dass auch unbewusste Körperfunktionen durch ein konditioniertes Signal ausgelöst werden können. Damit sein Gefühl so bleibt, sollten Sie ein Leben lang Ihren Hund freudig empfangen, wenn er auf Ruf oder Pfiff kommt, auch wenn er vorher richtig Mist gebaut hat.

Die Übung wird in jeder guten Welpengruppe aufgebaut. Ein Helfer hält den Kleinen mit einer dünnen Schleppleine zurück. Sie entfernen sich mehr oder weniger weit (je nach Sensibilität Ihres Kleinen). Bei aufgeweckten Junghunden dürfen Sie sich verstecken. Nach einem Pfiff rufen Sie den Namen des Welpen und dann ist der kaum noch zu halten. Er kommt angeflitzt, Verlassenheitsangst motiviert ihn, die Erleichterung, kommen zu dürfen, beflügelt ihn. Nutzen Sie diese Konstellation unbedingt zur Verknüpfung von Pfiff und Kommen.

Selten geschieht es, dass ein sehr junger Welpe orientierungslos sucht. In einer kurzen Entfernung, und seien es nur fünf Meter, machen Sie lebhaft auf sich aufmerksam und der Helfer sollte vorauslaufen. Der Kleine wird mitmachen und dafür belohnt werden. Er ist wieder in Sicherheit bei den Seinen!

Wenn Sie wissen, was Ihren Hund interessiert, gehen Sie gemeinsam mit ihm nach dem Kommen dorthin und „tun wichtig“. Das verbindet noch mehr. Ihr Welpe lernt dabei, dass ihm alle Wege offen stehen, solange diese mit Ihnen abgestimmt sind.

Da das nicht immer möglich ist, manchmal seltener, manchmal öfter, kommen Sie ungewollt in ein zufälliges Belohnungsschema mit seiner festigenden Wirksamkeit. Ihr Welpe wird zuverlässiger kommen, wenn Sie ihn nicht immer bestärken können, weil die Situation nicht danach ist.

Mit Click zu Sitz und Platz

Den direkten Versuch, das Futter zu bekommen ...

... ignorieren Sie und umgehend ...

... können Sie ein Sitzen bestärken.

Click

Erste Schritte zum SITZ

Beginnen Sie mit einem Futterstückchen in der Hand, das Sie über seinen Kopf hinweg nach hinten führen. Der Welpe wird sich fast sicher setzen. Dann bekommt er das Futter und wird vielleicht vergnügt an Ihnen hochspringen, um Sie zu einer weiteren Futtergabe zu veranlassen. Nun nehmen Sie den Clicker in die andere Hand. Sie führen nach dem zweiten oder dritten Mal die gleiche Bewegung ohne Futter in der Hand aus. Sobald der Welpe auch nur Anstalten macht, seinen freudig wedelnden Schwanz dem Boden zu nähern, klicken Sie und geben ihm umgehend sein Belohnungsstückchen, das Sie erst nach dem Click aus der Tasche oder vom Tisch holen. Bald bemerkt Ihr Pfiffikus, dass er sich auf einfachste Art Futter beschaffen kann. Er muss sich nur vor Ihnen hinsetzen!

Es kann sein, dass er nochmals zögert, sich zu setzen, wenn Sie kein Futter in der Hand haben. Lassen Sie sich nicht dazu verführen, es erneut zu nehmen. Warten Sie. Er wird sich setzen. Alles andere ignorieren Sie. Und nun sollten Sie schon anfangen, vorausschauend zu handeln. Üben Sie nicht nur zu Hause. Tun Sie dies an jedem neuen Ort, an den Sie beide kommen. Spätestens, wenn Ihr Welpe den Clicker bemerkt, wird er einige Leckerle billig ersitzen wollen.

Steigern der Zuverlässigkeit

Die weiteren Schritte betreffen die Zuverlässigkeit. Nein, Sie brauchen Ihrem Kleinen jetzt noch kein SITZ zu sagen. Die Handbewegung reicht. Sie verkürzen sie mehr und mehr zu einer Andeutung. Die Zuverlässigkeit steigern Sie, indem Sie nicht mehr jedes Mal Click und Futter geben, sondern ein Stück zur Seite gehen, den Welpen wieder zum Aufstehen ermuntern und ihn ein zweites Mal sitzen lassen. Dafür gibt es C&B. Dieser kontrollierte Übergang zu Quotenbestärkung und unregelmäßiger Bestärkung ist ein wichtiges Lernelement.

Das Wortsignal SITZ führen Sie ein, wenn Ihr Welpe sich auf die Handbewegung hin schon zuverlässig setzt, auch wenn er zwei- oder dreimal dabei kein Futter bekommt. Natürlich muss er vor dem nächsten Versuch wieder aufstehen. Sie gehen einfach ein Stückchen zur Seite, bis er aufsteht, und zeigen ihm erneut die Handbewegung für das SITZ. Sie werden feststellen, dass das Setzen dann irgendwann wirklich schnell erfolgt.

ClickerTipp

Auch wenn es für Sie so aussieht, als ob Ihr Welpe schon wüsste, worum es geht, dauert das länger. Sie kennen das gewünschte Ziel, Ihr Welpe nicht. Bei allen Übungen wird er variieren. Er wird schneller, aber auch langsamer werden. Er wird sogar zögern oder etwas fast Perfektes wieder schlechter ausführen. Bleiben Sie unbesorgt und ruhig. Ignorieren Sie schlechte Ausführungen, bestärken Sie bessere. So führen Sie den Welpen auf den Weg zurück.

Signaleinführung SITZ

Sie sagen SITZ und zeigen sofort danach die dem Welpen schon vertraute Handbewegung (z.B. erhobener Zeigefinger). Setzt er sich, wie zuvor, belohnen Sie Ihn, anfangs sogar reichlich. Setzt er sich erwartungsvoll, wenn Sie noch nichts gesagt hatten (und auch die Handbewegung nicht versehentlich ausgeführt hatten), dann gibt es nichts. Wann immer Sie ein Signal für ein Verhalten einführen, dürfen Sie die freiwillige Ausführung nicht mehr belohnen. Wenn Sie diese Regel missachten, übernimmt der Hund die Kontrolle der Aktivitäten und befolgt Signale nur, wenn ihm der Sinn nach der Belohnung steht.

Futter in der Hand oder nicht …

… schon die Bewegung zur Erde weckt die Neugier.

Was tun? Erst einmal hinlegen – Click!

Und liegen platt wie eine Flunder – Click!

So einfach ist es, ein Leckerle zu bekommen.

Erste Schritte zum PLATZ

Statt über den Kopf nach hinten, wie beim SITZ, berühren Sie für das PLATZ mit der Futterhand den Boden und lassen Sie da. Welpen legen sich sehr bald davor, wenn Sie die Bemühungen, direkt an das Futter zu kommen, ignorieren. Wenn Sie sich dabei hinhocken, ist es für beide leichter. Sie können anfangs schon zufrieden sein, wenn er nur die Vorderläufe beugt. Und werden Sie keinesfalls ungehalten, wenn er kratzt oder knaubelt. Ignorieren Sie das und warten Sie gespannt, was ihm einfällt, wenn Sie die Hand dennoch nicht öffnen.

Auch bei dieser Übung lassen Sie nach dem zweiten oder dritten Mal das Futter weg. Achten Sie darauf, dass Sie klicken, sobald der Welpe die Bewegung des Legens beginnt. Hinlegen ist Ihr Nahziel. Er darf gleich wieder aufstehen! Liegen bleiben, hinlegen in der Entfernung und dann auch noch bleiben, das sind Lernstufen, die erst später kommen.

SITZ und PLATZ auf Entfernung

Sie werden bemerken, dass sich Ihr Welpe immer in Ihrer Nähe setzt oder legt. Ist er ein wenig entfernt, wird er sogar herbeikommen und sich dann erst setzen. Soll sich Ihr Hund später dort setzen oder legen, wo er sich gerade befindet, sollten Sie weiter üben. Sie können Ihren Welpen von einem Helfer an langer Leine zurückhalten lassen. Das Futterstückchen sollten Sie ihm nach dem Click zuwerfen. So wird seine Motivation, es bei Ihnen zu holen, gebremst. Sie können auch eine Ablenkung nutzen, die ihn anzieht. In diesem Fall sollten Sie mit ihm nach dem Click als Belohnung genau dorthin laufen, denn nach dem Click hat der Welpe die Wahl der Belohnung.

Sie müssen damit rechnen, dass der Welpe lange, sogar sehr lange zögert, bevor er auf die Idee kommt, das schon gut erlernte Setzen oder Legen auszuführen. Warten Sie. Wiederholen Sie das Kommando nicht. Falls nichts geschieht, vermindern Sie die Entfernung. Sie war zu groß. Sie haben den Bogen überspannt, zu viel erwartet. Das ist das Schöne am Clickertraining: Sie können soweit „in den Kindergarten“

zurückgehen, wie es nötig ist, um eine Vorstufe des gewünschten Verhaltens wieder einzufangen. Auch wenn Sie unter unbekannten neuen Umständen üben, helfen Sie Ihrem Zögling, wenn Sie anfangs allein den richtigen Ansatz bestärken. Ganz schnell hat er den Weg zum vollständigen Verhalten mit Ihrer und des Clickers Hilfe gefunden. Hierbei zahlt es sich aus, dass ihm das Geräusch des Clickers Sicherheit vermittelt, auch wenn Ihre Körpersprache unklar sein sollte.

Ruhepausen machen Lernen erst wirksam.

Motivation – der Schlüssel zur positiven Erziehung

Das Schema, nach dem Sie in der Erziehung Ihres Welpen vorgehen, ist im Grunde immer gleich. Es ist durch die Lerngesetze vorgegeben. Die Motivationen Ihres Welpen zeigen Ihnen die besten Bestärkungen an. Seine Aktivitäten werden mit Handlungsmustern aus dem angeborenen Repertoire beginnen. Diese verändern Sie. Die fertige Handlung muss damit nichts mehr zu tun haben. Damit können Sie sich auf das Individuum Hund einstellen, auf den frechen oder schüchternen, den extrovertierten oder den introvertierten Welpen, den bedächtigen oder den Hansdampf, ohne dass Sie ihn überfordern. Darum möchte ich Ihnen das Schema ans Herz legen. Es ist so einfach.

Zur Erläuterung möchte ich das Verhalten „Bring den Ball in meine Hand“ als Übungsbeispiel nehmen.

Übung „Bring den Ball in meine Hand"

Sie werfen den Ball nicht fort, sondern rollen ihn ein wenig. Als Belohnung nach dem Click starten Sie ein Rangelspiel. Lassen Sie es nach wenigen Sekunden ausklingen.

Lernstufe 1: Anfangsverhalten finden und sichern.
Aktionen: Anfangsverhalten wird aus der allgemeinen zufälligen Aktivität herausgepickt. Manche können durch Locken oder Körpersprache herbeigeführt werden.
Bestärkung: Immerbestärkung.
Beispiel: Der Welpe

- nähert sich dem liegenden Ball,
- beschnüffelt ihn,
- betastet ihn oder
- nimmt ihn gar schon ins Maul,
- nimmt ihn ins Maul und trägt ihn ein Stück.

Problempunkt: Zu langes Locken, zu seltenes Zufallsverhalten, zu große Erwartung, Ungeduld. Dem Hund eine zu große Erwartungshaltung vermitteln, anstatt wartend zu beobachten, welches Verhalten er zeigt.

Lernstufe 2a: Shaping – Formen des Verhaltens in Richtung Zielverhalten.
Aktionen: Blick auf Veränderungen des ursprünglichen Anfangsverhaltens. Welche können näher zum Zielverhalten führen?
Bestärkung: Aussetzen der Immerbestärkung, Warten auf Variationen, Bestärken des veränderten Verhaltens.
Beispiel: Zielverhalten: Ball im Maul tragen.
Der Welpe

- nimmt den Ball kurz ins Maul,
- hält ihn länger,
- beginnt, ihn herumzutragen,
- nähert sich Ihnen mit dem Ball anstatt wegzulaufen.

Problempunkt: Verlust des Verhaltens durch zu langes Aussetzen. Bestärken Sie lieber eine schwächere Ausführung als den Hund zu frustrieren.

Lernstufe 2b: Shaping – Sichern der Zwischenziele.
Aktionen: Sinnvolle Zwischenziele etliche Male wiederholen.
Bestärkung: Immerbestärkung des zwischenzeitlich erreichten Verhaltens. Danach geht es mit 2a weiter. Der Übergang ist fließend.
Beispiel: Zwischenziel: Den Ball in die Hand geben. Der Welpe

- kommt mit dem Ball zuverlässig herbei,
- legt den Ball vor Ihnen ab,
- gibt den Ball in Ihre Hand.

Problempunkt: Zu langes Bestärken des bisherigen Verhaltens. Anforderungssteigerungen für die Zwischenziele sind zu hoch. Es werden mehrere Anforderungen gleichzeitig gefordert und gesteigert. Unwilligkeit bei nicht gewünschtem Verhalten des Welpen.

Lernstufe 3: Festigung des Zielverhaltens.
Aktionen: Üben bei steigenden Anforderungen.
Bestärkung: Nur noch Zielverhalten wird bestärkt, und das zunehmend seltener. Für sehr gute Ausführungen bei stärkerer Ablenkung und nach längeren Pausen gibt es etwas besonders Gutes oder Großartiges.
Beispiel: Nur wenn der Welpe den Ball in Ihre Hand gibt, geht es mit einer Belohnung weiter.

- Sie üben nicht nur im Garten, sondern auch auf einem Parkplatz.
- Schließlich soll er den Ball auch bringen und geben, während ein anderer Ball vorbeirollt.

Problempunkte: Der Hund zeigt das Verhalten unter geänderten Umständen nicht. Übersehen alternativer unkontrollierter Umgebungsbestärkungen.

Lernstufe 4: Signalverknüpfung.
Aktionen: In ablenkungsarmer Übungssituation Signal vor dem erwarteten Verhalten geben.
Bestärkung:

- Es wird nur noch Verhalten nach Signal bestärkt.
- Freiwillig angebotenes Verhalten wird freundlich übersehen.

Beispiel: Bringt Ihr Zögling den Ball, nachdem Sie BRING BALL gesagt haben, bestärken Sie reichlich. Bringt er ihn freiwillig, lassen Sie ihm den Ball, ohne auf ihn einzugehen.
Problempunkte:

- Zu häufiges Wiederholen des Signalwortes oder Zeichens.
- Der Hund sollte in dieser Zeit nicht für anderes gern gezeigtes Verhalten bestärkt werden.
- Worte und Sichtzeichen gleichzeitig geben.

Lernstufe 5: Verallgemeinern.
Aktionen: Testen der Befehlsverknüpfung in den verschiedensten Umgebungen und Situationen. Steigern der Ablenkungen.
Bestärkung: Selten werdend, aber reichlich und enthusiastisch bei schwierigen Situationen. Anfangs mit der Ablenkung selbst bestärken, falls möglich.
Beispiel: Sie werfen den Ball immer weiter fort und zeigen stolz sein neu erworbenes Können Ihren Bekannten bei allen Gelegenheiten. Wenn Sie dabei weiter konsequent bestärken, kann er es hiernach zuverlässig.
Problempunkte: Überforderung durch zu große Ablenkungen, wachsende Ungeduld bei zögerlichem Verhalten, mangelndes Testen in jeder neuen Situation. Zu seltenes Üben, zu häufig ähnliche Umstände.

Zurück in den Kindergarten, wenn es gar nicht weiter geht, ist wie das Schutzsuchen in der Höhle des Vertrauens.

ClickerTipp

Zurück in den Kindergarten: Geht es einmal gar nicht vorwärts, dann haben Sie zu große Fortschritte erwartet. Sie können jederzeit die Ansprüche so weit zurückdrehen, bis der Welpe wieder etwas zeigt, was er schon einmal auf dem Weg zur letzten Stufe gezeigt hat. Gehen Sie auch dann zu den einfachen Ansprüchen zurück, wenn Sie das erste Mal in einer neuen Umgebung üben, zu einer ungewöhnlichen Tageszeit oder wenn Sie die Entfernung zwischen Ihnen und dem Welpen bei einem Signal erhöhen.

Was wird später Bestärkung sein?

Es kann Werfen des Balles sein, wenn Ihr Welpe ihm gern nachläuft. Es kann ein kleines Rangelspiel sein, wenn er daran Interesse zeigt, es kann auch Futter sein, wenn er es in diesem Zusammenhang mag. Wenn der Kleine aber die Spielregeln diktieren will, indem er mit dem Ball wegspringt, dann stoppen Sie Ihr Interesse an dieser Aktion. Das ist vor allem bei der Lernphase „Ausgeben in die Hand" leicht möglich. Mit dem Click begreift der Kleine, dass er ihn zwar auslassen soll, aber nicht irgendwo, sondern über Ihrer Hand. Beim Timing, ob er ihn schon 5 cm näher an Ihrer Hand fallen lässt, ist der Clicker unersetzlich. Lässt er den Ball weit vor Ihnen fallen, drehen Sie sich um und gehen weg. Ich wette, dass er Ihnen mit dem Ball nachläuft.

Was können Sie alles üben und wann sollten Sie das tun? Können Sie durcheinander üben oder sollten Sie eine gewisse Reihenfolge einhalten? Die Antwort ist einfach.

ClickerTipp

Üben Sie mit einem jungen Welpen sehr kurz, zwei Minuten höchstens, dann ist wieder eine Spiel- und Entspannungspause angesagt, es sei denn, Ihr Welpe möchte weitermachen! Legen Sie eine Übungseinheit auf den Abend. Danach kann Ihr Welpe schlafen. Diese Kombination erleichtert den Übergang des Gelernten in das Langzeitgedächtnis. Wiederholen Sie auf jeden Fall die Übung am nächsten Tag.

Themen Schritte in die Welt – für den Alltag

Das Lernspektrum Ihres Welpen ist riesig

Ein Kind kann im gleichen Zeitraum zwei Sprachen, rechnen, ein oder zwei Musikinstrumente, allerlei Spiele, das Benutzen der Fernsehfernbedienung, Fahrrad fahren und schwimmen lernen. Später wird das schwieriger. Betreiben Sie „Breitbandlernen" mit Ihrem Welpen. Beschäftigen Sie sich mit vielen deutlich verschiedenen Aufgaben, nicht zur gleichen Zeit, sondern über den Tag verteilt. **SITZ** und **DOWN** kann Ihr Welpe ebenso lernen wie Pfote geben, auf der Seite liegen oder stillhalten. Sie können durch aufmerksames Beobachten und Bestärken verschiedener Ansätze, die Sie gar nicht weit zu verfolgen brauchen, ein gewisses Verhaltensrepertoire erarbeiten. Wann immer Sie später mit dem Hund etwas Neues üben und es nicht recht weitergeht, wird er beginnen, diese frühen Elemente wieder hervorzukramen. Sie hatten ihm ja schon einmal Erfolg gebracht. Sie aber haben eine breite Palette von Verhaltensmöglichkeiten zum Weiterformen zur Verfügung. Sie haben einen fantasievollen Hund!

Schau mich an

Das war schon Teil des Lernens des eigenen Namens. Aber es ist mehr. Blickkontakt ist eines der wichtigsten Verständigungselemente zwischen Ihnen und Ihrem noch kindlichen Hund. Im Moment macht er es noch von allein, ebenso wie ihn das angeborene Folgeverhalten an Sie bindet. Es wird nicht so bleiben, wenn Sie nichts dafür tun. Nichts im Leben ist umsonst, nicht für Ihren Hund und nicht für Sie.

Durch Blickkontakt werden fast alle Aktivitäten koordiniert. Wenn Sie ihn nicht beachten, wird der Welpe sich immer weniger an Ihnen orientieren und immer eigenständiger werden. Deswegen sollten Sie gerade am Anfang den freiwilligen Blickkontakt bestärken. Bestärkend wird sehr häufig Ihr Interesse für sein Interesse sein. Sie „erlauben" ihm sozusagen, sich um seine Interessen zu kümmern, wenn er Sie fragt. Deswegen wird er Futter vielleicht gar nicht wollen.

Geben Sie Ihrem Hund Ihr Okay

Natürlich soll Ihr Welpe selbstständiger werden, aber seine Aktivitäten sollten im Einklang mit Ihren Vorstellungen sein. Gewöhnen Sie sich ein Signal, z.B. ein Kopfnicken an, um dem Hund Ihr Okay zu übermitteln. Aber vergessen Sie nicht, gelegentlich ein **NEIN** einzustreuen! Dieses Vorgehen ist sehr zu empfehlen, wenn der Welpe auf dem Weg zum Junghund beginnt, die Umgebung intensiv zu erkunden.

Down – ein Kommando, das Leben retten kann

Der Welpe einer Jagdhundrasse sollte unbedingt das **DOWN** lernen. Dabei liegt der Hund flach auf dem Boden mit dem Kopf zwischen den Pfoten. So kann er die wippenden und blinkenden Spiegel und Blumen von Reh und Hase nicht mehr gut wahrnehmen. Diese wirken als angeborene Schlüsselreize, die eine Jagd auslösen. Solange die Tiere auf den Hund zulaufen, geschieht überwiegend nichts, höchstens, dass sich der Hund verblüfft auf seine Hinterkeulen setzt.

Das DOWN kann zusammen mit dem Kommen eine der ersten Übungen überhaupt sein. Und sie soll lustvoll abgeschlossen werden. Der Hund soll DOWN-Liegen als spannendes Tun empfinden, dem aktive, sehr gern ausgeführte Handlungen folgen – außer Jagen. Das DOWN-Legen beginnen Sie im frühen Welpenalter. Die Übung wird erst beim Hund nach der Pubertät fertig sein. Wenn sein Jagdtrieb voll erwacht ist, können Sie beurteilen, was Sie beide geleistet haben.

Aufbau der DOWN-Übung

Das Hinlegen erreichen Sie schnell. Sie können mit einem Futterstückchen locken, das Sie aber noch nicht freigeben, wenn der Welpe sich davor legt, sondern Sie warten weiter. Sie hatten ja gesehen, dass das Ausbleiben der Bestärkung Variationen des Verhaltens bewirkt. Darauf beruht die mögliche Vielfalt eines Shapings. Der kleine Kerl wird also irgendwann lauernd oder enttäuscht den Kopf flach auf den Boden legen. Das muss nicht zwischen denPfoten sein. Das Zwischenziel ist Kopf runter – C&B.

Und nun müssen Sie anfangen, Ihre Körperhaltung zu variieren. Sie können sich nicht immer vor den Welpen hocken. Ihre Handbewegung auch ohne Futter sollte die Ermunterung für das Hinlegen werden. Wenn der Welpe sich schnell und gern legt, sobald Sie die Hand vor ihm auf den Boden legen, ist es Zeit, die nächste Veränderung vorzunehmen. Sie hocken sich nicht mehr hin, sondern beugen sich nur noch hinunter, führen die Handbewegung bloß angedeutet durch. Und wenn sich der Welpe DOWN gelegt hat, richten Sie sich langsam auf. Nach dem Click gehen Sie jedes Mal wieder ein paar Schritte weiter, damit er erneut aufstehen muss und sich hinlegen kann. Schließlich geben Sie das Handzeichen, zu dem Ihre Handbewegung inzwischen geworden ist, im Stehen.

Das Handzeichen werden Sie noch eine ganze Weile beibehalten. Sie werden das DOWN nämlich erst vervollkommnen, bevor Sie es mit dem endgültigen Signal verknüpfen. Zu einem DOWN gehört noch das lange Liegen und das Liegen in größerer Entfernung und zum krönenden Schluss das Hinlegen in größerer Entfernung mit Liegenbleiben. Auch Ablenkungen sollen den Hund nicht irritieren.

Ein erster Schritt zum DOWN.

Die Hand lenkt das Interesse auf den Boden wie beim Platz …

… aber auch hier hält sie kein Futter.

Click

Click beim Niederlegen des Kopfes. Liegen bleiben ist erst später Thema.

Hat der Welpe Vertrauen in Sie und Ihre Führung, fällt ihm das Liegen bleiben leicht.

Schritt für Schritt zum längeren Liegen

Die Zeit des Liegens zu verlängern, ist der nächste Schritt. Dazu bleiben Sie immer in der Nähe des Hundes. Er soll nicht unnötig motiviert werden aufzustehen, indem Sie sich entfernen. Ihre Nähe ist ihm wichtiger als alles andere. Um die Dauer zu erhöhen, müssen Sie nur ein gutes Zeitgefühl haben, auf die Uhr schauen oder zählen. Sie verlängern die Zeit bis zum Click immer mehr, aber nicht stetig. Zwischendurch verkürzen Sie auch einmal die Zeit. Und wenn Ihr Kleiner lange gelegen hat, dann wiederholen Sie die Übung nicht gleich wieder. Sie sollte keine unangenehmen Aspekte erhalten.

Ablenkungen einbauen

Noch immer ist keine Entfernung vom Hund angesagt.Andere Menschen bewegen sich nun in seiner Nähe. Bewältigt er das, können sie nahe an ihm vorbeilaufen, schnell laufen und schließlich im Idealfall auch über ihn hinweglaufen. Und nach dem Click ist ein super Spiel angesagt. DOWN-Liegen ist spannend!

In einer weiteren Steigerungsstufe laufen andere Hunde in der Nähe vorbei, spielen in der Nähe, wird ein Ball vorbeigeworfen, läuft ein Hund einem geworfenen Ball nach. Sie meinen, das geht nicht? Und ob das geht. Ihr Welpe wird genau mit dem Ballspiel belohnt, das er bei dem anderen Hund beobachtet hat. Interessiert er sich nicht so sehr dafür, dann wissen Sie, dass diese Ablenkung nicht so groß ist. Interessiert er sich sehr dafür, dann lernt er, dass er der Ablenkung nicht folgen muss. Ihm wird nichts entgehen, im Gegenteil, es wird besonders schön für ihn, dafür sorgen Sie.

ClickerTipp

Sie dürfen andere Übungen zwischendurch trainieren und das DOWN vor einem interessanten anderen Training ausführen, z.B. einem Apport oder einem Zerrspiel. Das DOWN kündigt eine tolle Fortsetzung an, es wird nicht negativ belegt.

Vorsicht **Falle!**

Der Welpe lässt sich ablenken und rennt dem Ball hinterher!

In diesem Fall folgen ein kurzes **NEIN** und eine Auszeit. Binden Sie den Kleinen an den nächsten Zaunpfahl (Sie haben sich vorher vergewissert, dass eine Anbindemöglichkeit in der Nähe ist) und beachten Sie ihn eine halbe Minute nicht, überhaupt nicht. Dann starten Sie sachlich-freundlich einen neuen Versuch. Geht dieser erfolgreich aus, wiederholen Sie geraume Zeit, zumindest einige Stunden, den Versuch nicht wieder. Ist der Welpe auch beim zweiten Mal nicht in der Lage, erfolgreich liegen zu bleiben, dann haben Sie die Anforderungen zu hoch angesetzt. Gehen Sie in der Schwierigkeit ein ganzes Stück zurück. Der andere Hund ist weiter entfernt, der Ball fliegt nicht mehr so nah vorbei. Ihr Hund muss mehr Erfolg in Ihrem Sinne haben, sonst lernt er etwas Falsches.

Wenn Ihr Kleiner das alles in Ihrer Nähe beherrscht, können Sie die Umgebung verändern, an anderer Stelle üben. Sie können auf den Wochenmarkt gehen, und während Ihr Partner etwas einkauft, liegt Ihr Welpe, der jetzt schon etwas älter und erfahrener ist, neben Ihnen **DOWN**. Achten Sie schon vorher darauf, was den Hund am meisten interessiert, das wird nach der Übung seine Belohnung, und wenn Sie beide anschließend den ganzen Marktplatz durchschnüffeln.

Liegen bleiben mit Ablenkung muss langsam aufgebaut werden.

Er schafft es zu bleiben? Ein Click für Hund und Mensch!

Tanzen Sie Tango vor dem Hund

Wenn Ihr nun schon erfahrener Altwelpe das alles mit Ihrem Beistand beherrscht, kommt die nächste schwere Anforderung. Jetzt beginnen Sie sich in der Nähe des Hundes zu bewegen, während er ohne weitere Ablenkung DOWN liegt. Sie beginnen mit sehr langsamen Bewegungen. Denken Sie daran, dass es die eigentliche Aufgabe des DOWN-Kommandos ist, den Hund ruhig zu halten, während sonst Aufregung herrscht.

Wenn der Hund früh Unbekanntes kennen lernen kann, wird es ihn später wenig ablenken.

Der künstliche Hase

An eine lange, dünne Leine binden Sie irgendein Stück „Fell“, am besten schwarz-weiß, dann stimmt beim Bewegen auch der Helligkeitswechsel. Damit der Hase schön hoppelt, binden Sie noch zwei Tennisbälle an die Enden des Fells. Dann verbinden Sie die Leine mit einem Mountainbike. Den Hasen legen Sie in der Nähe des Hundes aus. Wenn jetzt ein Helfer mit dem Bike losfährt, springt der Hase aus der Sasse, sobald die Leine straff wird. Fangen Sie mit mäßigem Tempo an. Sie wollen, dass Ihr Welpe liegen bleibt, nicht dass er aufspringt. Also machen Sie es ihm nicht zu schwer. Die Belohnung darf üppig, herzlich und wild sein. DOWN-Liegen muss sich lohnen!

DOWN beim Aufspringen des Hasen – diese wichtigste Verknüpfung können Sie zu trainieren versuchen, indem Sie den Hasen immer kürzer nach dem DOWN-Legen starten lassen. Und dann lassen Sie einen müden Hasen starten, *gefolgt* von **DOWN**. Reagiert Ihr Hund darauf richtig, feiern Sie das mit C&Jackpot! Wenn Sie diesen Übergang auch auf einen schnelleren Hasen schaffen, wird schließlich der Hase selbst Ankündigung des **DOWN**.

Neugier kämpft gegen Misstrauen.

Übungsort Tiergehege

Sie können an einem Tiergehege üben, wo wildartige Gerüche dazukommen. Sie können im Wald üben. Wenn Sie ein Reh oder einen Hasen gesehen haben, gehen Sie an diese Stelle. Mit diesem Geruch in der Nase gibt es eine **DOWN**-Übung, die mit wunderbarem Hühnchenfleisch *großzügig* bestärkt wird. Andere Regungen können Sie mit einem recht scharfen **NAAH** kommentieren. Ihr Hund soll wissen, was Ihnen jetzt wichtig ist, um den gemeinsamen Erfolg zu sichern.

Beherrscht Ihr Hund das **DOWN**, dann haben Sie die hohe Schule erreicht. Es liegt an Ihrer Beharrlichkeit, ob Ihr Welpe es als Erwachsener können wird.

Bleiben – eine Übung, die großes Vertrauen voraussetzt

Oft soll ein Hund einige Zeit an einem Platz bleiben. Er darf bequem liegen, er darf aufstehen, um sich anders hinzulegen. Aber er soll den Ort nicht verlassen. Auch diese Übung lernt ein Welpe recht schnell, wenn Sie ihn nicht überfordern. Was, wenn Sie dieses Verhalten erst dann zum ersten Mal verlangen, wenn es nötig geworden ist? Dann geraten Sie beide in Stress und sind absolut überfordert. Darum ist es besser, wenn Sie es in aller Ruhe unter angenehmen Umständen regelmäßig üben.

Legen auf die Decke …

… klappt schon recht gut.

Click

Die Hand „hypnotisiert“ ihn im Verharren. Futter gibt es nach dem Click

Legen auf die Decke

Sie helfen dem Welpen, indem Sie eine Decke bereithalten, auf der er liegen kann. Denn Welpen geht es wie kleinen Kindern: Sie mögen Alleinsein überhaupt nicht und etwas Kuscheliges erleichtert es ihnen. Das hat man getestet, indem man Welpen mit Spielzeug einige Zeit allein ließ. Die, die ein weiches Kissen oder Stofftier zur Verfügung hatten, überstanden diese Zeit mit den geringsten Stressanzeichen.

Das erste Ziel ist **LEGEN AUF DIE DECKE**. Sie können es schon dadurch erreichen, dass diese vorher im Körbchen des Welpen lag und seinen vertrauten Geruch angenommen hat. Falls der Welpe sich nicht spontan darauf legt, wenn er sie woanders findet, dann locken Sie ihn die ersten zwei, drei Male mit einem Futterstückchen darauf. Aber erst wenn er sich *legt*, gibt es C&B. Vergessen Sie nie, dass es Ihre Aufgabe ist, dem Kleinen so klar wie möglich zu sagen, was genau das Richtige ist, das ihm die Belohnung einbringt. Deswegen der Click in dem Moment, in dem er sich auf die Decke legt.

Liegen bleiben

Für das zweite Ziel, das längere Liegen auf der Decke, gilt das gleiche Vorgehen wie beim **PLATZ** in der Entfernung. Anfangs erfolgt alles unter direkter Sicht. Verlängern Sie erst die Dauer des Liegens in Ihrer unmittelbaren Nähe. Dabei dürfen Sie dem Kleinen auch zwischendurch einmal ein Leckerle einschieben. Tun Sie es bitte ohne Click, denn er soll dabei nicht aufstehen. Legen Sie ihm das Stückchen so beiläufig wie möglich vor die Schnauze. Sie können auch mit leiser hoher Stimme ruhig loben. Das erleichtert ihm das Bleiben. Enthusiastisches Lob wird ihn immer zum Aufspringen veranlassen, worauf die meisten Hundehalter heftig gegensteuern und damit den Welpen verunsichern.

Natürlich wird der junge, tapsige Hund einmal aufstehen.

Da jetzt Sozialkontakt mit Ihnen die größte Belohnung wäre …

… ignorieren Sie dieses Verhalten völlig. Es soll ihm nichts einbringen.

Aufbau der Entfernung

Dann erhöhen Sie die Entfernung zu ihm etwas, jedoch nur ganz kurz. Vergessen Sie nie, dass Entfernen, Alleinsein Stress verursacht, der die Lernfähigkeit vermindert.

Schließlich kombinieren Sie, indem Sie einmal etwas weiter weggehen und etwas länger wegbleiben. Die Betonung liegt auf *etwas* und auf *einmal*. Zwischendurch gibt es die eine oder andere Übung wie **SITZ** oder Pfote hoch in Ihrer Nähe, die Sie nicht weiter bestärken. Ihr freundliches Lob genügt. Die schwierigere Ausführung des Liegens beenden Sie mit Click und einem richtig schönen Knuddelspiel, aber nur, wenn der Welpe nicht vorher aufgestanden war.

Natürlich wird der junge, tapsige Hund aufstehen, wenn Sie es gar nicht wollen. Sobald ihn jemand anspricht, wird er schwanzwedelnd hinlaufen. Versuchen Sie diese Situation zu vermeiden. Steht er auf und kommt die drei Schritte zu Ihnen, dann sagen Sie nichts, höchstens sachlich neutral **FALSCH** oder **SCHADE**, kein ärgerlicher Ton. Dann lassen Sie ihn wieder hinliegen und warten noch einige Sekunden, bis Sie ihn wieder beachten. Fassen Sie ihn dabei nicht an, geben Sie ihm jetzt keine Zuwendung. Er sollte sich so wenig Erfolg, nämlich Ihre Nähe und Geborgenheit, wie möglich durch andere Aktionen selbst verschaffen können. Aber er soll erfahren, dass sich Verharren für ihn lohnt. Genau deswegen achten Sie darauf, dass er liegen bleibt, bis Sie ihn wirklich freigeben, z.B. mit einem Okay gefolgt von Click und einer herzlichen Begrüßung. Hier ist Ihre Konsequenz gefragt.

ClickerTipp

Sollte er anfangs zögern und sich nicht auf die Decke legen, können Sie bereits klicken, wenn er sich in Richtung Decke bewegt. Click – und das Leckerle, das Sie zuvor noch nicht in der Hand hatten, legen oder werfen Sie jetzt auf seine Decke, keinesfalls vorher.

Ablegen an unterschiedlichen Orten

Wenn Ihr Welpe im Wechsel zum Junghund vertrauensvoll in Ihrer Gefolgschaft steht, sollten Sie diese Übung im Gasthaus ausführen, an unbelebten und belebten Orten. Wenn das ruhige Liegen gut klappt, können Sie beginnen, ganz kurz außer Sicht zu gehen. Es ist wenig sinnvoll, das zu üben, bevor der Welpe ein sicheres Vertrauen in das Abliegen auf seiner Decke gewonnen hat. Allzu schnell kann es sonst geschehen, dass die Decke seine Alarmzeichen schrillen lässt – Decke heißt allein sein. Sie wissen ja, dass die Physiologie, die Emotionen mit konditioniert werden. Daher ist es Ihre Aufgabe, ihm verständlich und glaubhaft zu machen, dass Liegen auf der Decke schön ist, dass er dabei sicher sein kann, dass Sie wiederkommen und ihn herzlich begrüßen werden, dass er Sie nicht suchen muss.

Ist Ihr Kleiner später erwachsen, dann kennt er das alles schon, kann auch gut liegen, wenn er die Decke nicht dabei hat. Aber erleichtern wird sie ihm das Bleiben immer.

Eine Regel sollten Sie immer einhalten: Auf der Decke bleibt der Hund ungestört. Kein Besuch, kein Familienmitglied, kein Hundefreund hat ihn dort zu behelligen. Sie können ihn von der Decke abrufen. Das kennt er und wird kommen. Aber die Decke bleibt ein sicherer Ort in allen Fährnissen.

Verharren und Warten

Dies ist eine der wichtigsten Übungen überhaupt. Kommt auf einem Wirtschaftsweg ein Auto und Ihr Welpe ist zufällig einige Meter vor Ihnen, was dann? Aufgeregtes Hinlaufen wird ihn zum Herumspringen veranlassen. Die angeborenen Verhaltensweisen des Hundes verlangen gemeinsame Aktionen. Stehenbleiben wie Lospreschen. Deswegen ist fast jeder Hund zunächst überfordert, wenn man von ihm Stillstand verlangt, während sich der Mensch schnell bewegt.

In Gefahrensituationen ist es oberstes Gebot, Blickkontakt haltend, selber so lange *absolut unbeweglich* zu bleiben, bis die Gefahr bereinigt ist. Kennt er später das Signal fürs Stehenbleiben, kann man sich unter Blickkontakt so langsam in Bewegung setzen, dass er nicht wieder aktiv wird. Sie geben ihn frei, indem Sie sich nach einem OK mit Kopfnicken wieder betont normal bewegen. Das wird das Freigabesignal werden.

Aufbau der Übung STEH

Wie veranlassen Sie aber Ihren neugierigen Abweichler zum Stehen und Verharren? Bleiben Sie irgendwo ganz überraschend stehen und sagen Kontakt fordernd den Namen und nachdrücklich **STEH**. Sie wenden ein, was das soll? Es ist doch gegen alle Regeln, da der Welpe das Signal ja noch gar nicht gelernt haben kann? Richtig. Aber auf einen überraschenden Laut reagieren alle Hunde mit einem kurzen Verharren und Suchen eines Blickkontaktes. Den halten Sie kurz (ein bis zwei Sekunden), gefolgt von C&B. B heißt in diesem Falle Loslaufen in die Richtung, in die er ohnehin gewollt hätte, oder ihm ein Futterstückchen geben, falls er sich zu Ihnen orientiert. Häufig wird er anfangs auch ganz zu Ihnen kommen. Wenn er beginnt, selbstständig die alte Richtung wieder aufzunehmen, gehen Sie kurz in eine völlig andere, und wenn es zurück ist. Sonst wird Ihr Welpe später zu gern selbst entscheiden, wann und wohin es weitergeht. Er erwartet diesen Fortgang. Er soll sich aber an Ihren Intentionen orientieren. Dann haben Sie einen stets auf sich aufmerksamen Hund.

Darum verlängern Sie die Zeit des Verharrens von anfangs einer Sekunde. Ihr Welpe wird sich aber nach kurzer Zeit, vielleicht zwei bis drei Sekunden, selbstständig in Bewegung setzen wollen. Sie sagen ein erneutes **STEH**. So lernt er schnell, dass er auf Ihr Freigabesignal (zunächst gefolgt von Click) warten muss. Das ist der eigentliche Inhalt der Übung. Auf einen überraschenden Laut stehen zu bleiben, ist ihm angeboren. Falls Sie systematisch üben, dann warten Sie nicht auf die kritische Situation. Zwingen Sie sich, diese Übung an den verschiedensten Stellen auszuführen. Fünf Sekunden sollte er bald durchhalten. Vergessen sie nicht, den Welpen auch dann zum Stehen zu veranlassen, wenn er hinter Ihnen oder seitlich zu Ihnen läuft, sonst verknüpft er nur die Voraussituation mit dem **STEH** und wird kommen, wenn er hinter Ihnen läuft.

Auf einem Podest ist ein Stehen leicht zu lernen.

Hier gibt es am Anfang das erste Click. Danach erst,...

... wenn der Hund ruhig steht.

Hier gewöhnt er sich schon einmal an das Siegerpodest.

Begrüßen – was sollte es daran zu üben geben?

Viele Menschen lieben es, wenn kleine süße Welpen putzig an ihnen hochspringen und sich streicheln lassen. Wenn die Kerle dann groß sind und die matschige Jahreszeit begonnen hat, kommt die Bemerkung, „Das macht doch nichts", meist ziemlich gequält. Ich habe mir das vom Halse geschafft, indem ich alle fremden Welpen mit einem Futterstückchen ins **SITZ** bringe. Und danach gibt es nichts mehr. Begegne ich ihnen jetzt als erwachsene Hunde, kommen sie artig herbei, setzen sich wedelnd vor mich hin, bekommen ein Stückchen Futter oder auch nicht und dann gehen sie weiter. Das ist sehr angenehm für alle Beteiligten. So könnten Sie es mit Bekannten beim Treffen auf der Straße machen. Stecken Sie ihnen ein Leckerle zu.

Wenn Sie nicht wollen, dass Ihr Welpe von Fremden etwas nimmt, dann geben Sie das Leckerle, nachdem Sie das Hinsetzen präzise mit einem Click gekennzeichnet haben.

Ungleiche Partner beim Schnauzenlecken.

Begrüßungsrituale beim Heimkommen

Das Begrüßen beim Heimkommen kann heftig sein. Wenn Ihr Halbwüchsiger Ihnen vor Freude das erste Mal an die Nase oder unter das Kinn gesprungen ist, dass Ihnen schwarz vor Augen wurde, dann wissen Sie warum. Auch Besitzer sehr kleiner Hunde sollten nicht immer Angst haben müssen, ihren Zwerg, der begeistert zwischen ihren Beinen herumfegt, zu zertreten.

Hunde, vor allem Welpen, begrüßen ältere, höher stehende Artgenossen durch Schnauzenstoß und Schnauzelecken. Das will der Welpe bei Ihnen auch versuchen. Tun Sie ihm den Gefallen, beugen Sie sich hinunter und lassen ihn ein-, zweimal über Ihre Nase lecken. Es gibt Schlimmeres im Leben.

Doch dann ist es gut. Sie legen ab, was es abzulegen gibt, beachten den Welpen nicht weiter, außer er setzt sich hin. Sogleich gibt es einen Click und ein kleines Spielchen – ganz kurz. Dann widmen Sie sich wieder Ihren Angelegenheiten. Aber beobachten Sie dabei den Welpen genau. Wenn er sich setzt, warten Sie ein klein wenig länger als zuvor. Und wieder gibt es einen Click und ein Spiel. Sie können dem Welpen das Warten etwas erleichtern, indem Sie ihn mit Worten ruhig, sehr ruhig loben. Jedes intensivere Lob kann Ihren Kleinen wieder vor Begeisterung aufspringen lassen. Alles, was Sie danach tun, belohnt ihn fürs Anspringen.

Anspringen darf keinesfalls bestärkt werden.

Ein Wegdrehen reicht hier schon aus …

… um ihn zum Sitzen zu veranlassen.

Der Schlüsselhund

Dem Hund einen kleinen, möglichst weichen Gegenstand ins Maul zu geben ist sehr hilfreich. Damit kann er spielen, während Sie Ihre Sachen ordnen. Später, wenn das Ganze ein Ritual geworden ist, können Sie ihm die Schlüsseltasche oder einen Handschuh geben. Dann verlegen Sie sie nicht – allenfalls er. Sie haben die Hände frei, und wenn Sie fertig sind, fordern Sie den Schlüssel ein. Er gibt ihn, Sie haben Ausgeben (S. 94) ja in unzähligen Variationen geübt, und nach einem Click kann es ein kleines Leckerle geben. Das Leckerchen nach der Begrüßung ist durchaus hundlich verständlich. Die Alten verlassen die Welpen und kehren mit Futter zurück. Jetzt können Sie ihn immer noch mit Körperkontakt begrüßen. Mein nunmehr zwölf Jahre alter Hund hält dieses Ritual eisern ein. Nur wenn ihm elend ist, legt er den Schlüssel ab, um ihn wieder aufzunehmen und mir zu geben, wenn ich fertig bin. Auf das Leckerle legt er dann keinen Wert.

Hunde untereinander lernen, die Begrüßungsregeln einzuhalten. Sonst kann es Ärger geben.

Begrüßung von Besuchern

Gerade für Besucher im Haus sollten Sie ein Ritual einüben. Ihr Welpe wuselt nicht mit an die Tür. Dort hat er nichts zu suchen. Üben Sie hierbei wieder das Legen auf die Decke. Nach einem Click darf der Welpe den Besuch begrüßen. Auch hier verlängern Sie die Zeit, bis es so weit ist, systematisch. Hat sich der Besuch gesetzt, kann der Welpe nach einem Click, später einem OK, den Gast inspizieren. Der darf ihm auch etwas besonders Gutes geben. So lernt der Welpe ein Ritual, für das Sie dankbar sein werden, wenn er in die Pubertät kommt und sein Territorialverhalten aktiviert wird. Auch ein kleiner Hund kann dabei unangenehm werden. Lassen Sie es bei sich sehr oft klingeln, ohne dass jemand vor der Tür steht. Wenn Ihr Welpe sich nach dem Klingeln erwartungsvoll auf seine Decke legt, bestärken Sie ihn fürstlich, aber immer seltener. Mit einem Okay geben Sie ihn frei, ob jemand gekommen ist oder nicht.

Dulden – wichtig in vielen Situationen

Eigentlich wäre Nichtstun nichts Erwähnenswertes. Handelt es sich aber um Duldung von Berührungen und Manipulationen, sieht das ganz anders aus. Diese sind zumeist von Natur aus mit Flucht- und Abwehrreaktionen belegt.

Erik trifft zum ersten Mal auf Viktor. Er muss unterwürfig dulden, von diesem selbstbewussten alten Hund kontrolliert zu werden.

Wie funktioniert Dulden im Hunderudel?

Dulden erfordert vom Hund eine aktive Kontrolle seiner Muskulatur. Er lernt sich zu beherrschen, obwohl ihn seine Sinne zur Flucht auffordern oder zumindest zum Ausweichen. Dulden und geschehen lassen sind andererseits ein sehr hundliches Verhalten. Der Welpe kann sich gegenüber einem älteren Artgenossen noch viel herausnehmen. Wenn dieser den Kleinen näher kennen lernen möchte, wird er ihn aber immer wieder zurechtstupsen, bis dieser sich schließlich hinlegt und die Bauchseite anbietet. So lernt er sich kontrollieren zu lassen, und es gibt keinen Grund, ihn diese Fertigkeit wieder vergessen zu lassen. Als Jugendlicher muss er lernen, sich zu stellen und kontrollieren zu lassen. Und der alte, selbstbewusste Hund, der fordert, achtet sehr genau darauf, dass der Kopf ganz ruhig, der Blick ins Unendliche gerichtet ist und der Schwanz keinen falschen Wedler tut. Da rührt sich nichts! Der heftige Ärger, den ein Althund zeigen kann, wenn ein junger, vielleicht Einjähriger, sich das nicht gefallen lassen will, sollte Sie nicht erschrecken. Der Junge lernt durch ruhiges Stehen die Unmutsreaktion erfolgreich zu vermeiden. **Je-**

Auf einen **Blick**

Besuch beim Arzt

Es wird nicht ausbleiben, dass Ihr Hund einmal zum Arzt muss. Der wird Sie vielleicht nach der Temperatur fragen, Ihnen Tabletten mitgeben und ganz gewiss den Hund gründlich untersuchen wollen. Hier zeigt sich, ob ein Hund Vertrauen zu seinen Menschen hat. Und Sie haben die einmalige Chance, dieses Vertrauen aufzubauen und die geforderten Handlungen dem Hund selbstverständlich werden zu lassen.

Ein ruhiger, vertrauensvoller Hund ist beim Tierarzt ein Musterpatient.

der Berührung folgt ein Click

Das Vorgehen mit dem Clicker ist dabei immer gleich. Sie wollen ja Berührungen ohne Reaktion des Hundes. Deswegen führen Sie Ihre Bewegungen langsam aus. Das ist beruhigend. Er kann beim ersten Mal zucken. Dann kennen Sie seine Empfindlichkeit. Sie berühren ihn – sofort gefolgt von C&B. Das kann ein prima Leckerle sein.

Ziel ist, die Zeit zu verlängern, in der Ihr Welpe sich noch nicht rührt, keine Versuche der Gegenwehr macht.

Bei einigen Übungen können Sie auch die Intensität steigern. Aber das Lernziel ist, zu dulden, bis Sie den Hund freigeben. Beenden Sie diese Übungen nie, wenn sich der Welpe entzogen hat. Bleiben Sie beharrlich, bis er zumindest einen Ansatz von Dulden zeigt. Auch wenn das alles bei einem Zwölfwöchner kein Thema sein sollte – im Laufe des ersten Jahres kann es eines werden.

Was Sie üben sollten

Abtasten lassen

Der Tierarzt wird häufig feststellen wollen, wodurch Schmerzreaktionen ausgelöst werden. War Ihr Hund in eine Beißerei verwickelt (Sie können die Welt nicht ändern, es wird einmal passieren), sollten Sie ihn sorgfältig auf Punktierungen untersuchen. Ein Loch oder eine Schramme sind nicht schlimm, aber die durch Verschmutzungen herbeigeführten Infektionen können üble Folgen haben. Sollten Sie Ausstellungsfan sein, dann wird Ihr Hund je nach Rasse mehr oder weniger gründlich abgetastet werden.

Der Aufbau ist denkbar einfach. Ihr Hund steht, Sie berühren ihn an der Kruppe. Er wird meistens mit einer Kopfbewegung in diese Richtung antworten. Wenn nicht – C&B. Sie steigern Dauer und Intensität der Berührung. Seien Sie dafür großzügig. Wenn er bei Ihnen ruhig bleibt, dann soll ihn ein anderer in Ihrer Gegenwart abtasten. Sie können dafür das allgemeine Signal „Aufmerksamkeit auf den erhobenen Zeigefinger“ verwenden. Als Wort könnten Sie **RUHIG** verwenden, aber der Finger ist in so vielen Situationen hilfreich, weil er Aufmerksamkeit heischt. Er entspricht unseren intuitiven Bewegungen.

Nicht jeder darf den erwachsenen Hund ungefragt berühren. Aber wenn Sie die Aufmerksamkeit fordern, sollte er es weiter dulden. Zeigt Ihr Hund Irritationen, gehen Sie ein paar Schritte zurück. Fangen Sie mit sehr kurzen Berührungen durch Fremde an. Bei einem unsicheren Hund signalisiert Langsamkeit bei weichen Bewegungen Friedfertigkeit.

Alle Hunde, die man tragen kann, sollten sich auf einen Tisch stellen und dort untersuchen lassen. Investieren Sie einen Tierarztbesuch nur für diese Übung, bei der der Welpe nicht weiter behelligt wird. Aber ein Jackpot ist fällig und er darf das Ordinationszimmer untersuchen. Damit haben Sie sich Ihrem Tierarzt vorgestellt und der Welpe hat eine angenehme Assoziation aufgebaut. Erste Erlebnisse sind besonders prägend!

Die weiteren Übungen möchte ich nur aufzählen. Sie haben zuvor gesehen, wie sie aufgebaut werden. Beim vertrauensvollen Weg über den Clicker werden Sie auch in unvorhergesehenen Situationen keine Schwierigkeiten bekommen. Vermeiden Sie das Klicken dicht am Hundeohr oder verwenden Sie einen sehr leisen Clicker, z.B. den Deckel einer Saftflasche.

Ein längeres Festhalten der Pfote mögen Hunde nicht.

Kontrollen aller Art zu dulden, ist der Schlüssel zu einer stressarmen Behandlung beim Tierarzt.

Gesundheitspflege

- Ohren kontrollieren lassen (aber der Gehörgang ist dem Tierarzt vorbehalten!). Ohrenkontrolle ist deswegen wichtig, weil sich im Sommer allerlei im Hundeohr verfangen kann. Grannen von Gräsern sind besonders unangenehm, da sie immer nur in eine Richtung wandern, ins Ohr hinein.
- Läufe und Pfoten bewegen lassen
- Zahnfleisch und Zähne kontrollieren lassen (langsam Zahn für Zahn).
- Zecken entfernen lassen.
- Fieber messen lassen (rektal ist es dem Hund ebenfalls unangenehm).

Eine Spritze geben lassen

Natürlich sollen Sie ihm keine Spritze geben. Aber das Packen der Fellfalte, in die der Tierarzt später die Nadel sticht, sollte er kennen. Sie dürfen sogar etwas kneifen.

Tabletten in die Schnauze schieben lassen und hinterschlucken

Sie können nicht immer darauf vertrauen, dass der Hund die Tabletten mit Futter gemischt schon nehmen wird. Wenn er krank ist, kann er wenig Appetit haben und manche Burschen lernen es, sorgfältigst um die Medizin herum alles sauber zu schlecken. Eine kleine Tablette bleibt einsam im Napf übrig oder wird dezent in eine Ecke gespuckt. Zum Üben können Sie Kalktabletten verwenden.

Die entspannte Haltung des jungen Hundes ist ein Kompliment an seinen Menschen.

Auf die Seite legen, hinstellen und stehen bleiben

Das Legen ist wieder für den Tierarzt gedacht. In der Form des Kunststückchens „toter Hund“ macht es dem Hund richtig Spaß. Mit einem Leckerle haben Sie ihn ins Liegen gelockt, anschließend in die Seitenlage. Schrittweise gibt es dafür C&B. Danach steigern Sie die Zeit des absolut unbeweglichen Liegens. Manche Hunde scheinen dabei sogar die Atmung abzustellen. Und die Steigerung, dass Sie ihm die Beine hochziehen, ohne dass eine Regung erfolgt, und sie anschließend schlaff runterfallen, kommt immer beeindruckend an.

Statische Posen wie das ruhige, „selbstbewusste“ Stehen sind natürlich bei Ausstellungen heiß gefragt. Die Erwartung auf eine geliebte Aktivität erzeugt leicht eine gespannte aber kontrollierte Pose. Die Haltung des Schwanzes wird sich je nach seiner Stimmung ändern. Das können Sie ebenso nutzen. Sogar die Stellung der Pfoten, einen Schritt vor oder zurück, können Sie trainieren. Dabei hilft Ihnen ein Target, ein Ziel, vor dem oder auf dem die Pfoten stehen sollen. Es kann ein Band sein oder ein Tuch. Das fordert ein wenig Geduld und einen genauen Blick. C&B gibt es exakt dann, wenn sich die Pfote, die Sie gerade im Sinn haben, dem Target nähert. Sie kümmern sich erst um die Stellung einer Pfote, bevor Sie an die der zweiten herangehen. Und wenn Sie das tun, müssen Sie akzeptieren, dass sich die der ersten verschlechtert. Das macht nichts, solange Sie an der zweiten arbeiten. Ist diese verbessert, können Sie sich wieder um die erste kümmern. Als Bestärker für diese Details ist während des Übens Futter angebracht. Für die Gesamtpose ist wahrscheinlich das Spiel vorzuziehen, da es immer auch einen entspannenden Charakter hat, wobei andererseits die Spannung auf den Spielbeginn die Haltung unterstreicht.

Hierbei sind die Anforderungen an den Menschen, der den Clicker bedient, hoch. Aber es lohnt sich. Ein Hund, der sich selbst richtig in Pose stellt, macht einen souveränen Eindruck.

Vorsicht Falle!

Übungen, bei denen Ihr Welpe etwas hundlich Unangenehmes erträgt, ohne sich zu wehren, sollten Sie nicht sogleich wiederholen. Stets sollte eine angemessene Pause folgen, in der er sich mit anderem befassen kann. Bestärkung ist vor allem die Befreiung aus der unangenehmen Situation. Tritt diese sofort wieder ein, fällt diese wichtigste Bestärkung fort. Erreicht der Welpe dann durch heftige Gegenwehr eine kurzfristige Befreiung, wird dieses Verhalten bestärkt. Sie haben das Gegenteil Ihrer Bemühungen erreicht. Ihr Tierarzt wird sich bedanken!

Geduld – die Investition in die Zukunft

Welpen kennen die Welt noch nicht. Sie erfahren sie gerade. Wo soziales Zusammenleben auf Dauer angesagt ist, ist Geduld die Investition in die Zukunft. In dem Video „Junghunderudel" (Trumler/Leidhold, 2.Teil) kann man einen gerade erwachsenen Rüden beobachten, wie er sich mit einem Welpen beschäftigt, von dem er offensichtlich unterwürfiges Verhalten verlangt. Er bedrängt den Kleinen immer wieder vorsichtig mit der Pfote. Wenn der Welpe ärgerlich oder aggressiv reagiert, geht der Rüde mit leicht schief gehaltenem Kopf einen Schritt zurück und dann startet er die gleiche Aktion wieder und wieder. Schließlich legt sich der Kleine auf den Rücken und präsentiert seinen Bauch. Das wird mit reichlich Lecken und Zuwendung bedacht. Der Welpe entspannt sich dabei völlig. Er hat ganz wichtige Verhaltensweisen gelernt: Erkennen und Besänftigen des Überlegenen und Schadensbegrenzung im Konfliktfall. Das ist Gold wert.

Freiwillig legt sich der kleine Malamut auf den Rücken und präsentiert seinen Bauch.

Wo Sie dabei den Clicker brauchen?

Nun, wenn sich Ihr Kleiner in sein Schicksal ergeben hat und entspannt ist, starten Sie nach einem Click ein nettes kleines Spiel. Es darf sogar ein Raufspiel sein. Wird es zu wild, beginnen Sie erneut die Ruheübung. Auch in dieser Situation wird die Bedeutung als Sicherheitssignal untermauert, die Ihnen später in ernsthaft schwierigen Situationen helfen kann.

Und dann ist der Clicker für Sie da. Sind Sie so lange geduldig geblieben, bis der Welpe sich freiwillig „ergeben“ hat, dann dürfen Sie klicken. Ihre Belohnung ist das Spiel mit Ihrem lieben Kleinen. Für die Zukunft aber wird es der Respekt und die Anerkennung des älter werdenden Hundes sein. Sie sind ein überlegen ruhiger Rudelführer, der nicht ausflippt, wenn einmal etwas nicht gleich klappt. Ungeduld schafft Missverständnisse. Missverständnisse schaffen Misstrauen und bewirken Distanz. Geduld dagegen erzeugt mit der Zeit ein wetterfestes Vertrauen.

Wann starten wir das Spiel?

Zeitmangel fördert Ungeduld, gefolgt von Inkonsequenz.
Zeitmangel ist der Totengräber einer guten Hundeerziehung.

Im Spiel mit Gleichaltrigen wird die Körpersprache und Mimik gelernt.

Leinenführigkeit

oder wer führt wen aus?

Waren Sie heute schon mit Ihrem Welpen draußen?

Wenn er noch sehr jung ist, waren Sie vielleicht gerührt, wie eilfertig er Ihnen nachläuft. Sie haben kein Problem mit dem Kommen, er bleibt ja bei Ihnen. Sie haben auch kein Problem mit der Leine, in die er ab und zu hineinrennt, weil er etwas Interessantes untersuchen möchte. So sind halt Kinder. Und damit er so bleibt und damit Sie nicht aus Ihrem schönen Traum gerissen werden, sollten Sie üben, und zwar sofort. Geben Sie sich keinen Illusionen hin, üben Sie das Kommen und üben Sie das Gehen an der Leine.

Leinenzerrer sind schnell erzogen

Der Hund hat einen angeborenen Oppositionsreflex wie Sie auch, nämlich, sich einer Einwirkung auf den Körper zu widersetzen. Ziehen Sie ihn nach vorne, zieht er nach hinten, ziehen Sie nach hinten, zieht er nach vorn. Das ist kein „Ungehorsam". Er kann nicht anders. Probieren Sie das einmal an einem Menschen aus. Er wird sich genauso widersetzen und allenfalls äußern: „Na, was soll denn das?"

Wenn man diesen Reflex ernst nimmt, erkennt man, wie sinnlos das Korrigieren eines Hundes mit der Leine ist. Es ist erstaunlich, dass viele Hunde das Gehen an der Leine dennoch lernen. Im Vertrauen, mangelnde Leinenführigkeit ist eines der häufigsten Probleme überhaupt. Da Ihnen das Erfolgsprinzip schon geläufig ist, verstehen Sie auch, wie schnell ein Hund durch Unaufmerksamkeit seines Menschen zum Leinenzerrer ausgebildet wird.

Der Welpe zerrt vor Neugier und Abenteuerlust und Sie lassen sich erweichen, sind unaufmerksam, haben Hexenschuss – jedenfalls geben Sie nach. Der Welpe hat Erfolg, er kann etwas untersuchen, etwas aufnehmen, Kontakt zu einem anderen Menschen oder Hund herstellen. Und so wird er wieder zerren. Nun haben Sie aber Ihren „konsequenten" Tag und lassen sich das nicht gefallen, ziehen ihn zurück, lassen ihn nicht überall hin. Bravo!

Da Sie am Tag drauf wieder wie vorher sind, hat er wieder Erfolg. Erfolg? Ja, und zwar mit einer zufälligen Häufigkeit. Dabei – das können wir Ihnen gar nicht nachdrücklich genug nahe bringen – ist Zufallsbestärkung aus einem hochmotivierten Bereich der beste Garant für ein zementiertes Verhalten. So werden gnadenlose Leinenzerrer erzogen.

Dabei ist es so einfach. Sie müssen nur konsequent sein. Und hier lernen Sie es.

Wie es funktioniert

Ihr Welpe zieht, Sie bleiben stehen. Er wird vielleicht weiterziehen. Wenn er sich aber verblüfft zu Ihnen umschaut: Click – und es geht weiter! Am besten starten Sie in eine neue Richtung. Ist er aufmerksam, schwenken Sie in die alte Richtung ein und lassen ihm freien Lauf in seinen Interessen. Sollte er auf Futter bestehen, geben Sie ein Leckerle. Das legt sich mit der Zeit ohnehin, da die Umwelterkundung viel wichtiger ist.

Hier ist eine überraschende Falle eingebaut. Wenn Ihr Zögling sich umgeschaut hat, wird er sich vielleicht sofort wieder mächtig ins Zeug legen. Genau dann dürfen Sie keinen Schritt weiter gehen. Sonst lernt der Kleine, dass Folgendes zum Erfolg führt:

Ziehen – Umschauen – Ziehen. Das ist es auch nicht.

Aber der Welpe muss eine Möglichkeit haben, Ihnen mitzuteilen, was ihn interessiert. Davon wollen Sie ihn ja gar nicht abhalten. Er soll die Welt erkunden, die verschiedenen Gerüche kennenlernen. Nur soll er dabei nicht ziehen! Wenn er etwas Interessantes entdeckt, darf er schon die Richtung dahin einschlagen. Nimmt er Blickkontakt auf, statt zu ziehen, geben Sie mit Okay Ihr Einverständnis und lassen ihn dorthin.

Loszerren führt nicht zum Ziel, sondern …

… zum Stehen bleiben!

Losgehen bei lockerer Leine …

Click

… gewinnt das so wohltuende C&B.

Im Spiel lernen Hunde untereinander Warnungen zu beachten und damit Unannehmlichkeiten zu vermeiden.

Kurze Warnung und danach keinen Schritt weiter

Geben Sie einfach einen Hinweis, eine Warnung, dass es gleich nicht mehr weitergehen wird, und zwar genau dann, wenn die Leine strafft.

Kurz zuvor sagen Sie **GENUG** oder **REICHT**, **ENDE**, oder **LANGSAM** was immer Ihnen gefällt. Aber bei diesem einen Wort bleiben Sie. Reagiert der Welpe nicht und strafft die Leine, gehen Sie keinen Schritt weiter. Erst wenn die Leine sich lockert, egal ob sich Ihr Kleiner nach Ihnen umschaut oder nicht, geht es weiter zum Ort des Begehrens. Einen Click brauchen Sie nicht dazu, obwohl er hilfreich sein kann. „Clickertraining" ist nicht auf den sklavischen Gebrauch dieses Hilfsmittels angewiesen. Es ist ein Lernkonzept, das Sie sinngemäß anwenden können, wie hier beim Gehen an der Leine. Das ist ja das Schöne daran: Sie können es für jedes Problem angepasst effizient umsetzen. Der Welpe lernt jetzt eine Entscheidung zu treffen. Legt er sich nach der Warnung ins Zeug, werden Sie garantiert stehen bleiben. Bezähmt er sich ein wenig, kommt er stetig ans Ziel. Er muss beides erfahren haben, um sich für die angenehmere Alternative entscheiden zu können.

Der andere Fall ist, dass Ihr Welpe nach dem Hinweis „reicht" nicht zieht. Was machen Sie jetzt? Nun, Sie gehen einfach weiter. Der Hund verhält sich, wie Sie es wünschen, er zieht nicht. Also gehen Sie jetzt mit ihm, wohin er möchte. Wenn Sie das nicht tun, was hätte der Welpe oder später Ihr Hund vom gesitteten Gehen? Nichts.

ClickerTipp

Beim Leinentraining beobachten Sie, dass die größte Bestärkung durch die größte gegenwärtige Ablenkung möglich ist. Nutzen Sie das aus, wo immer Sie es können.

Hundebegegnungen an der Leine

Wenn Ihnen ein Hund entgegenkommt, wird Ihr Kleiner ganz sicher dorthin ziehen. Sozialkontakt ist ein Elementarbedürfnis und folgerichtig ein äußerst wirksamer Bestärker. Also lassen Sie Ihren Welpen nicht einfach hinzerren, sondern absitzen, bevor er Kontakt aufnehmen darf.

Er setzt sich tatsächlich? Click und flott hin zum anderen Hund (mit dessen Halter Sie in der Sitzpause die Akzeptanz der Begegnung geklärt haben; es gibt auch unfreundliche Hunde und Halter, die weder Sie noch Ihren Welpen mögen). Wenn Sie das so üben, ohne Ausnahme, werden Sie einen sehr gesitteten

Hund bekommen. Er will zu einem anderen Hund? Also setzt er sich, nachdem er sein Interesse bekundet hat! Richtig amüsant ist es, wenn später ein Charmeur sich vor eine Lady setzt und ihr mit seinem heftigst wedelnden Schwanz den Weg sauber fegt.

Zerren die Hunde, erstarren die Menschen. Ein einfaches **SITZ** eröffnet dagegen die Möglichkeit zu Kontakt und Spiel.

Lernen der Führigkeit

Wenn Ihr Welpe meistens nicht mehr zieht, ist Führigkeit der nächste Lernschritt. Das bedeutet, dass der Hund auch dorthin geht, wo Sie hinmöchten.

Bei Fahrradhindernissen am Wegbeginn so manchen Parkweges wuselt der Kleine unten durch, und ehe Sie klar sehen, ist die Leine verheddert. Das ist besonders angenehm, wenn Sie noch einen Kinderwagen schieben oder einen Schirm tragen.

Üben Sie: Lass kein senkrechtes Hindernis zwischen dir und mir sein – nie. Sie können Pfähle und Stangen aller Art dazu benutzen. Wenn Sie einen Härtetest machen möchten, begeben Sie sich in eine Fichtenschonung, die gerade die richtige Höhe hat. Ihrem Zögling wird es Freude machen. Es ist spannend. Er lernt sich mit Ihnen zu bewegen. Das ist hundlich. Und Sie geben die Richtung vor.

Auf einen Blick

Probieren Sie es mit einem Geschirr

Beim Üben der Leinenführigkeit sollten Sie ein Geschirr verwenden. Es beeinträchtigt die Bewegungsmöglichkeiten des Welpen weniger, schont seine Halswirbelsäule und veranlasst ihn nicht, falsche Körpersprache zu äußern, indem Sie seine Kopfhaltung durch Ziehen am Halse verändern. Zur Gewöhnung können Sie ihm zusätzlich ein Halsband umlegen.

Spielen –

der heimliche Lehrmeister

Mit Welpen spielen macht Spaß. Ihnen beim Spiel zuzuschauen ist amüsant und erheiternd. Genießen Sie beides. Und schauen Sie einmal genauer hin, wenn Sie nicht beteiligt sind. Spielen ist eine ernste Sache. Nirgends sonst lernt ein Hund so viel und so schnell wie im Spiel. Das ausgeprägte Lernvermögen und die daran gekoppelte Spielfreude sind die Spezialität der Nichtspezialisten. Im Spiel kann der Hund befreit von Zwängen angeborener Handlungen neue Erfahrungen machen. Er lernt komplexe Bewegungen und verbessert sein Koordinationsvermögen. Er lernt sich an seine aktuelle Umwelt anzupassen. Das gilt für den sozialen Bereich mit Menschen und Artgenossen ebenso wie für die Umstände, die ein Hund riechen, hören, fühlen und sehen kann. Und es ist der Schlüssel zum Erlernen von Problemlöseverhalten.

Drohen die Folgen fatal zu sein, schreit Ihr Welpe laut auf und gibt damit zu erkennen, dass ihm die Situation über den Kopf gewachsen ist. Und fast alle Hunde und alle Menschen deuten das richtig.

Im innerartlichen Bereich hat ein Welpe so schon viel gelernt, wenn er zu Ihnen kommt. Sie haben das bei dem einen oder anderen Besuch im Welpenspiel beobachtet. Das Einfügen in die Hundebevölkerung Ihres Wohnortes ist die nächste wichtige Aufgabe. Warten Sie keinesfalls mit dem Bekanntwerden und dem regelmäßigen Kontakt, bis Ihr Welpe groß geworden ist. Die erste Rangeinweisung könnte dann unvermutet heftig ausfallen. Lassen Sie die anderen Hunde Ihren Welpen jetzt kennen lernen. Bei Hündinnen bitte nicht vor deren Haustür. Es gibt keinen universellen Welpenschutz und besonders dort nicht. Fragen Sie die Besitzer nach der Verträglichkeit ihres Hundes. Ein Rüffel ist kein Weltuntergang, aber Rüpel sollten Sie meiden. Eine „Ungerechtigkeit" kann sich ein Welpe ein Leben lang merken. Bleibt er ein kleiner oder zurückhaltender Hund, wird er künftig meiden. Wird er ein großer Hund, könnte er sich revanchieren.

Auf einen Blick

Spielhaltung

Spielhaltung im Sozialspiel signalisiert: „Ich meine es gar nicht so!", und eröffnet dem Spielpartner Wiederholungen ohne negative Folgen. Man kann mit einem „neuen Leben" einen Spielzug wiederholen und nochmals wiederholen. Diese Ankündigung von Spiel durch übertriebene Gestik ist fast allgemein verständlich.

Im Spiel werden Fitness und Eigenarten getestet und trainiert.

Das Spiel mit Menschen ...

Das Spiel mit Ihnen aber ist für den Hund eine Offenbarung. Da Sie emotional mit „vollem Bauch“ dabei sind, kontrollieren Sie sich kaum selbst. Und so lernt der Welpe Ihre Stärken und vor allem Schwächen kennen. Ob Sie leicht als Chef anerkannt werden, entscheidet sich auch im Spiel. Der Welpe lernt zu verstehen, wie Sie Grenzen setzen. Und er lernt das zu akzeptieren, wenn Sie es konsequent tun. Er lernt aber auch, wie nachgiebig Sie sind, wie Sie zu manipulieren sind und wie bedeutungslos leere Drohungen sind. Gegen diese wird er völlig immun und gilt dann als „dominant“ und „schwer erziehbar“.

Genau an dieser Stelle wird der Clicker wichtig. Nein, Sie brauchen ihn nicht beim Spielen. Aber Sie sollten immer in Ihrem Inneren einen Monitor mitlaufen lassen: Was passiert eigentlich gerade auf der Ebene Bestärken und Hemmen? Und denken Sie daran: Die jetzt erlernten Körpersignale gehen Ihrem Welpen in Fleisch und Blut über. Sie können später auf ihn einreden und kommandieren, wie Sie wollen. Er wird immer die gelernten Signale Ihrer Körpersprache als Erstes beachten. Ob Ihr Hund später z.B. schnell und sicher ausgibt, entscheidet sich jetzt.

Spielformen sind auch die Eroberung der Umwelt, bei der Sie Ihren jungen Hund nicht allein vorgehen lassen sollten. Wenn Sie sich für alles Mögliche interessieren, sich auch einmal hinhocken, etwas untersuchen, wird er sich sehr gern an Ihnen orientieren. Sie können auch etwas aufnehmen, wichtig damit tun und es ihm vorenthalten! So bekommen Sie einen aufmerksamen Hund.

Der Schnürsenkeltest

Wenn Ihr Welpe etwas vorausgelaufen ist, hocken Sie sich hin und binden sich konzentriert Ihre Schnürsenkel noch einmal neu. Wundern Sie sich nicht, wenn Ihnen plötzlich eine kleine, feuchte Schnauze dabei hilft. Ihr Welpe ist schon da und möchte wissen, was Sie so Interessantes untersuchen.

Ausgeben –
gestalten Sie es interessant

Ausgeben ist der Weg zu neuem Spiel.

Ausgeben von Dingen, die ein Welpe aufgenommen hat, ist eine Fertigkeit, die über Gesundheit und Leben entscheiden kann. Wenn es der Welpe nicht gelernt hat, wird es der ausgewachsene Deutsch-Drahthaar nicht mögen. Und wenn Sie einen Westi oder einen Jack-Russel-Terrier haben, haben Sie zwar einen kleinen Hund, aber einen schnellen. Wenn der aus dem Ausgeben ein Spiel mit Fangen und Verfolgen gemacht hat, haben Sie ganz schlechte Karten und er das Vergnügen. Glücklicherweise stellt sich ein Welpe Ihnen noch nicht ernsthaft entgegen.

Ihr Kleiner hat einen interessanten Gegenstand aufgenommen. Ideal ist, wenn er auf Ruf herbeikommt. Sonst gehen Sie ruhig und langsam zu ihm. Packen Sie – langsam – den Gegenstand und spielen ein wenig mit dem Welpen. Dann werden Sie bewegungslos und warten ein wenig. Gibt Ihr Welpe nach kurzem Verharren wider Erwarten den Gegenstand her, gibt es einen Click und sofort spielen Sie wieder mit ihm. Wenn es so war, können Sie es wiederholen und dabei die Zeit, ehe Sie nach dem Click wieder spielen, peu à peu ein wenig verlängern. Sie bleiben nach dem Click gespannt stehen, ehe Sie Ihre auffordernde Aktion starten. Mit diesem Hund werden Sie keine Probleme haben. Sie können das Signal **AUS** einführen, indem Sie vor dem Verharren das Wort ruhig und sachlich sagen. Da dieser Welpe schon das richtige Verhalten zeigt, wird die Verknüpfung zuverlässig.

Vorsicht Falle!

Da eine Signalverknüpfung an die zeitliche Nähe (wenige Sekunden) und die richtige Reihenfolge (erst Signal und dann Verhalten) gebunden ist, müssen Sie der Versuchung widerstehen, das Wort zu sagen, bevor Ihr Welpe das richtige Verhalten zeigen kann. Sonst wird das Wort zum Auslöser des gegenteiligen unerwünschten Verhaltens. **AUS** heißt „Festhalten und Zerren“, **HIER** heißt „Weglaufen“, **NEIN** heißt „Jetzt erst recht“.

Wenn Sie einen Besitzergreifer Ihr eigen nennen

Ein anderer Welpe denkt gar nicht daran, den Gegenstand auszulassen. Er startet ein wildes Zerrspiel. Wenn Sie darauf eingehen, bestärken Sie ihn für das Zerren, für das Nicht-Auslassen. Wird er nach Ihrem Verharren deutlich ruhiger und lockert seinen Biss, beginnen Sie das Spiel nach einem Click von neuem. Und jetzt formen Sie zügig bis zum völligen Auslassen. Das sieht etwa so aus: Sie halten den Gegenstand nur noch fest, vermeiden aber alle Gegenwehr, sodass er schlaff und tot passiv vom Welpen herumgezogen wird. Lässt Ihr kleiner Weltmeister jetzt aus, gibt es einen Click und Sie starten das Spiel erneut. Für 10 Sekunden dürfen Sie dabei richtig heftig mit ihm zerren, es soll ja Spass machen.

Hat er andererseits nach 10 Sekunden schlaffen Festhaltens Ihrerseits nicht ausgelassen, gehört er zu den härtesten Vertretern der Welpenzunft. Diese denken im Traum nicht daran, irgendetwas herzugeben, was sie im Maul haben. Hier sagen Sie einfach **AUS**, greifen herzhaft über den Fang (das dauert eine Sekunde) – seien Sie dabei nicht zimperlich – und nehmen ihm den Gegenstand weg.

Sie beschäftigen sich ein wenig damit und dann lassen Sie ihn fallen. Der Welpe darf ihn wieder aufnehmen. Jetzt kümmern Sie sich nicht darum. Das werden Sie zwei-, dreimal wiederholen müssen, dann hat Ihr Welpe gelernt, dass es günstiger für ihn ist, gleich herzugeben. Wenn er dieses Stadium erreicht hat, gehen Sie weiter vor, wie oben beschrieben. Das Spiel als Belohnung wird ihm viel wichtiger werden als alleine darauf herumzukauen. Wenn Sie Ihrem Welpen aber den Gegenstand zu nachdrücklich wegnehmen, wird er bei späteren Apportierübungen dazu neigen, Ihnen das Apportel vor die Füße zu werfen. Er hat ja gelernt, es bei Ihrem Interesse schnell herzugeben. Deswegen ist es das Beste, Sie lassen sich das Apportel stets in die Hand geben. Sie durchschauen die Strategie. Der Welpe muss Sie zum Spielen an sich heranlassen, während er das Apportel hält.

Beim Schnauzengriff umfassen Sie kurz und nachdrücklich die Schnauze und drehen den Kopf von Ihnen weg. Das ist in ein bis zwei Sekunden erledigt.

Ein schönes Spiel. Soll der Frechdachs ausgeben …

… werden Sie völlig passiv und warten ab.

Ausgelassen? Click! Und schon kann es in die nächste Runde gehen.

Click

Der Welpe wird vor eine Entscheidung gestellt: sich nach dem Signalwort **AUS** zu widersetzen und Langeweile oder gar Ärger (Schnauzengriff) zu ernten oder aber kurz auszulassen und mit einem prima Spiel mit seinem Menschen belohnt zu werden. Sein Erfolg ist deutlich größer, wenn er auf Ihre Variante eingeht. Dazu müssen Sie diese aber auch eindeutig kennzeichnen. Dann kann Ihr Welpe seinen Erfolg optimieren und Sie haben das erreicht, was Sie wollten: Ihr Hund gibt sauber und sofort aus. Wie wertvoll das ist, wird Ihnen jeder bestätigen, der einen Hund unbekannter Herkunft aus dem Tierheim geholt hat. Das **AUS** bei ihm zu erreichen, kann ein diffiziles Handwerk sein. Bei diesem Training erweist sich der Clicker an einem Punkt als besonders hilfreich. Hat der Welpe nach dem **AUS** seine Beute hergegeben – wann fängt das tolle Spiel wieder an? Erst nach einem Click! Vorher können Sie beginnen zu fintieren und den Gegenstand attraktiv zu machen. Nur wenn Ihr Welpe absolut ruhig bleibt, folgt nach dem Click das geliebte Spiel. Wird er vorher aktiv, machen Sie eine gelangweilte Pause.

Das Signalwort **AUS** konnten Sie deswegen sofort einführen und verknüpfen, weil Sie selbst ja danach auf eine bestimmte Art reagieren. So wird es zu einer Warnung: Gibst du nicht aus, wird es deutlich unangenehmer für dich. Tust du es, stehen alle Optionen noch offen. Durch wiederholtes Erleben dieser richtigen Entscheidung wird sie zuverlässig.

Kann sich Ihr Welpe öfter entziehen, nachdem Sie **AUS** gesagt haben, verknüpft er etwas ganz anderes damit – ein fröhliches Verfolgungs- und Zerrspiel auf Kommando. Sie haben das Gegenteil Ihres Wunschzieles erreicht. Vergessen Sie das Signal **AUS**. Fangen Sie mit einem anderen von vorn an.

Selbstkontrolle (Doggie Zen)

Darunter verstehen wir die Übungen, bei denen ein Hund einen starken Reiz ignoriert, um das damit verbundene Ziel dennoch zu erreichen. Mit einem Pack- und Zerrspiel ist es eine fortgeschrittene Übung. Kann der Hund das **AUS** wie beschrieben, verzögern Sie nach dem Click das anschließende Zerrspiel immer mehr und halten dabei über Blick und Köperhaltung eine hohe Spannung. Auf ein Signal **PACK** bieten Sie es dem Kleinen wieder an und rangeln wild fauchend mit ihm um das Stück. Das ist ein tolles Spiel. Als letzte Steigerung beginnen Sie diese Beute im Blickfeld des Welpen zu bewegen, ohne dass er aktiv werden soll. Springt er los, erschlaffen Sie und wenden sich ab. So ist das Spiel von Ihnen nicht gemeint. Nehmen Sie erneut Blickkontakt und Spannung auf und wiederholen Sie es. Können Sie richtig provokativ fuchteln, wobei der Welpe ruhig sitzen bleiben soll, um nach Ihrem **PACK** entschlossen das Stück zwischen die Zähne zu nehmen, dann haben Sie es geschafft. Später können Sie Ihrem abliegenden Hund Bälle um die Ohren werfen, aber erst auf Ihr Signal hin wird er ihnen hinterherfegen.

Selbstkontrolle ist Teil des Jagdverhaltens und dem Hund in die Welpenkiste gelegt. Sie müssen sie nur für ihn auspacken.

Auf unzähligen Hundeplätzen werden Hunde mit allen möglichen Mitteln zum Ausgeben gezwungen, weil man versäumt hat, in der Welpenzeit das Ausgeben zu üben, und nur das Zupacken bestärkt hat. Dabei gehört beides zusammen und ist so einfach.

Ablenkung von scheinbar interessanten Gegenständen

Findet Ihr Welpe unterwegs zufällig etwas, was Ihnen verdächtig erscheint, dann werden Sie sofort sehr nachdrücklich mit Ihrem schon gelernten **AUS**. Sobald er auslässt, reagieren Sie freundlich. Hat er es Ihnen in die Hand ausgegeben, „untersuchen" Sie den Gegenstand scheinbar interessiert und werfen ihn dann gelangweilt zur Seite. Merken Sie sich die Stelle gut. Hier sind die nächsten Übungen angesagt! Tendiert er beim nächsten Mal dorthin, sagen Sie seinen Namen, er schaut und Sie laufen ein paar Schritte und nehmen ihn mit einer Ermunterung mit. Setzt er sich in Bewegung, reagieren Sie mit C&B. Tendiert er aber wieder zum Fund, reagieren Sie mit einem Laut des Unwillens. Jeder Mensch hat da seine Eigenarten, die spontan kommen. Entscheidet er sich nun für Sie, dürfen Sie ihn bei diesen Gelegenheiten fürstlich belohnen, mit dem Jackpot. Sie können hier ein Shaping beginnen: Wenn Ihr Welpe etwas Unbekanntes findet, soll er Blickkontakt zu Ihnen aufnehmen, bevor er weiter aktiv wird. Er fragt Sie mit dem Blick und Sie beurteilen für ihn, ob er es untersuchen oder sogar aufnehmen darf oder nicht. Das wird zufällig immer wieder verschieden sein. Damit wird es gesichert. Das ist die beste Art, ein Team zu werden, denn sie beruht auf Verständigung und nicht auf Verunsicherung. Das Problem aus Hundesicht ist ja Ihr offensichtliches Desinteresse an dem, was Sie ihm gerade streitig gemacht haben.

Pfui – nicht aufnehmen

Wenn Sie nicht wollen, dass Ihr Welpe etwas Unbekanntes überhaupt aufnimmt, reagieren Sie schon beim ersten Mal heftig mit dem Warnlaut **PFUI**! Sie dürfen sich sogar drohend knurrend dem Kleinen mit ein, zwei schnellen Schritten nähern, solange er es im Maul hat. Je überraschender und heftiger Ihre erste Reaktion in solch einer Situation ist, desto intensiver wird das Signal verknüpft. Reagiert der Welpe mit erschrockenem Sprung zur Seite, machen Sie es wie oben. Laufen Sie ein Stücken und nehmen ihn mit. Sie können Ihn auch eine kleine Übung, **SITZ** oder **PLATZ** ausführen lassen, die Sie mit C&B gut belohnen. So ist er sicher, dass zwischen Ihnen keine Missverständnisse bleiben. Wenn Sie gut beobachten und Ihr **PFUI** zuverlässig erfolgt, wird der Welpe das mit dem typischen Geruch von Ihnen unangenehmen Dingen verknüpfen. Sind Sie nicht so aufmerksam, kann es sein, dass er eher nur bestimmte Orte damit verbindet, die eigentlichen Objekte aber weiterhin höchst anziehend findet.

Was, wenn der Welpe auf PFUI nicht reagiert?

Es gib natürlich Welpen, die recht unerschrocken sind und Ihr **PFUI** mit einem Stirnrunzeln zur Kenntnis nehmen, um unbeirrt in ihrer Aktion fortzufahren. Dann dürfen Sie auch zulegen, aber anders als Sie denken.

Sie stürzen sich völlig überraschen mit all Ihrem Grimm *auf das Objekt* – den Welpen beachten Sie überhaupt nicht –, wiederholen Sie ein wütendes **PFUI**, schlagen mit der Hand drauf ein (naja, symbolisch, Sie müssen nicht mitten in die Exkremente treffen). Sie dürfen dabei knurren und drohbellen. *Ihr ganzer Grimm gilt dem Objekt,* nicht Ihrem Welpen. Der wird sich wahrscheinlich erschüttert ein Stückchen abseits hinsetzen oder auch legen. Dann betrachten Sie zufrieden Ihr moralisches Vernichtungswerk, wenden sich dem Welpen zu, laufen ein paar Schritte abseits, wobei Sie ihn locken und Blickkontakt fordern. Verharren Sie eine ganze Weile und bestärken Sie dann mit C&B. Danach können Sie eine neue gemeinsame Aktion starten.

Vergessen Sie nie, gutes Verhalten von Zeit zu Zeit zu bestärken. Es ist keine Selbstverständlichkeit.

Auf einen Blick

Hundetricks

Hunde sind Meister im Erfinden von Verhaltensketten. Sie müssen damit rechnen, dass Ihr kleiner Hundetaps Sie auch einmal hereinlegt. Er wird so tun, als ob er etwas Verdächtiges gefunden hat, und Ihr Verhalten auslösen, um am Ende den Jackpot einzuschieben. Dann hat er im Grunde optimal gelernt. Alles, was Ihr Welpe lernt, kann er auch gegen Sie verwenden. Ertragen Sie es schmunzelnd mit Fassung.

Bei diesem Vorgehen nutzen Sie das Rudel- und Teamverhalten von Hunden aus. Es ist Ihrem Welpen verständlich. Und das Objekt, für den Welpen gekennzeichnet durch seinen Geruch, hat Ihren Grimm entfacht, nicht Ihr Welpe. Er behält sein Vertrauen zu Ihnen und ein erwünschtes Misstrauen zu dem Stück Mist, das er gerade aufnehmen wollte oder die menschlichen Exkremente, die ihn gelockt haben.

Auch hier hat er am Erfolg gelernt. Die Situation ist für ihn sicher geblieben. Er bleibt mit Ihnen im Einklang und er hat etwas anscheinend Gefährliches dank Ihrer schnellen Reaktion ohne üble Folgen meiden können. Den Clicker können Sie einsetzen, wenn der Welpe sich ruhig abseits gelegt hat und Sie ihn wieder zu sich rufen. Dann weiß er ganz sicher, dass Sie nicht ihn gemeint haben. Wahrscheinlich wird er den Ort mit Ihrem überraschenden Verhalten verknüpfen. Sie müssen es an anderer Stelle testen. Hebt er neugierig die Nase in diese Richtung, zögert aber noch ein wenig, sagen Sie Ihr **PFUI** deutlich leiser. Reagiert er richtig, sagen Sie **WEITER**, gehen einige Schritte, wobei Sie ihn mit Blickkontakt mitnehmen. Dann darf er den nächsten interessanten Ort untersuchen. Dieser Sicherheitsaspekt in der Bedeutung des Clickers wird im Laufe der Zeit immer wichtiger werden und seine Bedeutung als Ankündigung von Futter in derartigen Situationen immer weniger wichtig. Sie sollten sicherstellen, dass Sie das gleiche Pfui-Objekt, z.B. ein Stück Mist, an verschiedenen Orten auffinden. Damit wird die Geruchsverbindung wahrscheinlich. Wenn Sie das einige Zeit durchhalten und das **PFUI** dabei

ClickerTipp

Nach jedem **NEIN** *oder* **PFUI** *sollte eine wirkungsvolle Pause entstehen. Erfolg ist die Schadensvermeidung. Erst danach starten Sie eine Aktion, die Sie bestärken können. Bei einer zu kurzen Zeitspanne zwischen* **NEIN/PFUI** *und dem nächsten C&B können diese Worte Ankündigung der Bestärkung werden und damit das unerwünschte Verhalten zuvor bestärken. Das ist das Gegenteil Ihrer Bemühungen.*

immer mehr abbauen, dann lernt Ihr Welpe, dass **WEITER** weitergehen heißt. Und das werden Sie noch einige Zeit bestärken. Bald aber werden neue Gerüche und andere Aktivitäten diese Rolle für Sie übernehmen. Sind Sie hier angelangt, dann hat Ihr Welpe mit dem Geruch das Weitergehen verknüpft. Und das war Ihr Wunsch.

Auch wenn sein Mensch einmal heftig reagiert, bleibt der Welpe mit ihm im Einklang.

Die Welt der Gerüche

Sie können sich und Ihrem Welpen das weitere Leben einfacher machen, wenn Sie ihn auch an Ihnen unangenehmen Dingen schnuppern lassen. Er wird seine Nase nie wirklich hineinstecken. Das ist Hundekultur. Vergleichen Sie es mit dem Duft eines betörenden Parfums. Sie beobachten wie ein Luchs und der kleinste Versuch, es aufzunehmen, wird sofort mit Ihrer heftigen Reaktion belegt. Den Grund für diesen seltsamen Rat möchte ich Ihnen auch mitteilen. Sie können Verhalten unterdrücken, aber nicht die Motivation dazu. Sie glauben gar nicht, wie fix ein Welpe im Dunkeln etwas entdeckt und aufnimmt, auch wenn Sie ihn an der Leine führen. Ist er erst erwachsen, hat er diese Technik perfektioniert. Wenn Sie Ihrem Hund die Geruchskontrolle gestatten und nur das Aufnehmen blocken, ist die Gefahr, dass er es einmal unbeobachtet tut, stark gemindert. Die interessanten Informationen bleiben ihm ja zugänglich.

Welpengruppen – Dogge trifft Westie

Welpengruppen werden immer ein kontroverses Thema bleiben, obwohl der Anblick meistens die reine Freude ist. Die ist dann getrübt, wenn die ersten aggressiven Auseinandersetzungen zwischen den Welpen stattfinden. Und die sind dabei nicht zimperlich.

Es gibt überbehütete Welpengruppen, bei denen jede Auseinandersetzung als Mobbing angesehen wird und die Kontrahenten sofort getrennt werden. Andererseits gibt es Gruppen, bei denen die Kleinen machen dürfen, was sie wollen. Die Natur, das Rudel, werden es schon richten. Doch so simpel ist es nicht. Und die Balance zwischen den Extremen ist nicht ganz einfach.

Wir können oder wollen Rudelverhalten nicht so imitieren, wie es bei Wölfen bekannt ist. Hunde sind keine Wölfe mehr. Wolfswelpen haben einen äußerst geringen Auslauf um die Wurfhöhle. Sie ziehen nicht in der Welt umher. Sie werden von jungen Rudelmitgliedern beaufsichtigt, während die Alten auf Jagd gehen.

Wir dagegen führen die Welpen an alle möglichen Plätze, um sie daran zu gewöhnen, und lassen sie manchmal allein. Ein Wolfswelpe hätte bei all dem wahrscheinlich durchgedreht.

In die Welpengruppe gehen alle erst einmal mit freudigen Erwartungen.

Was zu beachten ist

Auf den meisten Hundeplätzen oder -schulen haben die Welpen ein gewisses Areal zur Verfügung, in dem sie ungehindert umhertoben und das sie erkunden können. Es sollte interessant und abwechslungsreich und von Mal zu Mal etwas verschieden ausgestattet sein. Seltener wird es sein, dass die Welpen mit ihren Menschen rudelig in einem begrenzten Gebiet umherziehen können, obwohl das hervorragend wäre. Dann gibt es die Trennung nach groß und klein. Ich persönlich halte davon nichts. Gerade so wie die Rassen mit verschiedenen Ausdrucksmöglichkeiten lernen müssen, einander richtig zu interpretieren, genauso müssen kleine und große Hunde lernen, miteinander richtig umzugehen. Und das funktioniert. Wenn Dogge und Westie einander früh genug kennen gelernt haben, gibt es später keine Schwierigkeiten.

Und bei Mobbingverdacht gibt es einen einfachen Test. Jemand hält den vermeintlichen Mobber am Halsband fest. Was tut der Gemobbte? Läuft er weg? Rennt er zu seinem Menschen? Kommt er zurück? Fordert er den „Mobber" wieder zu einem Spiel auf? Sein Verhalten sagt ganz klar, wie die wahren Verhältnisse liegen. Mobbt aber eine ganze Gruppe einen bestimmten Welpen, dann ist er aus dieser Gruppe zu entfernen. Man kann einen zweiten Versuch mit deutlich jüngeren Kameraden machen, da dieser Welpe unbedingt etwas selbstsicheres Verhalten lernen muss. Das kann er nicht im Stress mit Rabauken.

Hervorragend hat es sich bewährt, mit Welpen kleine Runden in der Umgebung zu ziehen. Die Rangordnung stellt sich von selbst ein. Die Sichersten und Mutigsten gehen vorn, die Jüngsten und die unsicheren Neulinge hinten. Wir Menschen sollten uns ihnen anschließen und auf die eigenen Interessen während der Welpenspielstunden verzichten. Die Zeit ist so verdammt kurz!

Bei einem Ereignis sollten wir hellwach sein und sofort reagieren: wenn ein spitzer, hoher Angstschrei ertönt. Dann besteht die Gefahr, dass sich alle auf den entsprechenden Welpen stürzen und ihn ernstlich gefährden. Dieser „Todesangstschrei" ist offensichtlich genetisch verankert, denn alle Hunde reagieren sofort darauf.

Furchtsame Neulinge integrieren

Oft haben Welpen schlicht Furcht, wenn sie die vielen anderen sehen. Sie verkriechen sich hinter ihren Menschen, zur Not auch einmal unter einem Auto. Seien Sie nicht allzu besorgt. Die meisten dieser „Angsthasen" sind nach dem dritten Treffen mitten drin im fetzigen Hundeleben. So lange müssen Sie schon vertrauensvoll durchhalten.

Manches, was erschreckend aussieht, ist die reine Lebensfreude.

ClickerTipp

Suchen und beobachten Sie Welpengruppen, bevor Sie den Welpen zu sich nehmen. Zeitdruck ist schlecht für gute Entscheidungen. Für die begrenzte Welpenzeit lohnt sich auch ein weiter Weg.

Angst – keine Schwäche, sondern ein natürliches Verhalten

Es kann vorkommen, dass Ihr Welpe einmal Angst zeigt. Das ist natürlich. Es ist Unfug, seinen Rottweilerwelpen als Feigling zu bezeichnen, weil er vor einer Plastiktüte Meideverhalten zeigt. Es ist ein sehr sinnvolles Verhalten. Die natürliche Reaktion eines erwachsenen Hundes ist ein kurzes Zurückweichen und ein nachfolgend vorsichtiges Annähern mit abschließender Untersuchung des suspekten Umstandes. Unerschrockene Haudraufs würden in natürlicher Umgebung kaum alt werden. Und Wolfshybriden sind deswegen als Haushunde so ungeeignet, weil sie das extreme Vorsichtsverhalten des Wolfes zu eigen haben.

Sie können die Untersuchung des Objektes für Ihren Welpen übernehmen. Er wird Ihnen daraufhin vorsichtig folgen. *Sie haben eine mögliche Gefahr richtig eingeschätzt, Schaden vermieden. Das ist Ihre Aufgabe als Team-Leader.* Das sind die Eigenschaften, die Ihren Welpen beeindrucken und ihn von Ihren Fähigkeiten überzeugen, nicht Streicheln und Knuddeln.

Zeigt Ihr Welpe aber Angst, mit eingezogenem Schwanz und angelegten Ohren, dann ist höchste Alarmstufe für Sie. Sie sollten die Situation mit ihm schnellstmöglich verlassen. Bei Angst oder, allgemeiner, bei starkem Stress kann ein Hund nicht lernen, ebenso wenig wie Sie auch. Deswegen sind diese Umstände für die Ausbildung nutzlos. Ein Welpe, auf das Volksfest geschleift, lernt nichts, auch keine sinnvolle Reizüberflutung, wenn er seinen Stress nicht abbauen kann. Häufiger Stress vermindert auf geraume Zeit deutlich das Lernvermögen.

In Angstsituationen sollte ein kurzer Blickkontakt zu Ihnen sofort bestärkt werden. *Die beste und wirksamste Bestärkung ist, die Situation sofort zu verlassen.* Er hat begonnen, sie zu bewältigen. Er hat den Blickkontakt geschafft. An Angst auslösende Situationen gewöhnen Sie einen Welpen in ganz kleinen Schritten.

Ist die Angst nur mäßig, kann es sehr hilfreich sein, eine ganz einfache Übung zu verlangen,einen längeren Blickkontakt, ein **SITZ** oder fünf Meter neben Ihnen gehen. Dann vergrößern Sie nach einem Click die Entfernung zum unangenehmen Ort zügig. Bedenken Sie in Zukunft, dass Hunde sehr intensiv Orte mit Lernen verknüpfen und dazu gehören vor allem die negativen Erfahrungen.

ClickerTipp

Sie sollten die Schreckreaktionen sorgfältig beachten, weil hierbei Verknüpfungen in einmaligem Lernen stattfinden können. Wenn Sie dem nicht schnell entgegenarbeiten, kann dieser Auslöser dauerhaft werden.

Erschrecken – wann – wo?

Erschrecken ist der Auslöser von Angst, Flucht und Meiden. Das ist sehr natürlich und sinnvoll. Da aber diese Reaktionen gerade auch dann bestärkt werden, wenn der Schreck und das Meiden auf einem Irrtum beruhen, verallgemeinert sich dieses Verhalten sehr schnell. Der Hund zeigt die Schreckreaktion und – nichts passiert! Für seine Wahrnehmung erscheint das so, als hätte seine Reaktion die befürchteten Folgen verhindert. Wenn Sie den Welpen trösten oder beruhigen, bestärken Sie seine Schreckreaktion. Sie sehen, alles was intuitiv nahe liegt, hat irgendeinen Haken.

Wenn Sie einen innerhalb seiner Möglichkeiten selbstsicheren Hund haben wollen, sollten Sie sich alle Situationen einprägen, in denen er je erschrocken ist. Diese gilt es aufzusuchen und nicht zu meiden, auch wenn das für Sie leichter wäre. Die Situation sollte dabei etwas entschärft sein. Es kann der Ort nahe beim eigentlichen Ort des ersten Erschreckens sein. Auf jeden Fall sind Sie umsichtig genug, Ausweichmöglichkeiten von vornherein zu planen. Das Ganze funktioniert nach dem Prinzip der Homöopathie: In kleinen, erträglichen Dosen verabreicht, entfaltet sich allmählich die ganze Wirkung. Auch diese Übung wiederholen Sie nicht am gleichen Tag.

Und jetzt kommt ein Tabu – für Sie

Bedauern Sie Ihren Kleinen nicht. Reden Sie ihm nicht gut zu. Lassen Sie ihm Zeit, seine kleinen Problembewältigungen selbst zu schaffen. Nur das hilft ihm wirklich weiter. Die richtige Bestärkung für einen Schritt nach vorn ist das Verlassen der Situation. Ein Click und Sie drehen sich um und begeben sich in lockerem Laufschritt an einen für den Hund erkennbar sicheren Platz. Dort entspannen Sie sich beide. In der Nähe eines Schreckensortes bewegen Sie sich sachlich und so, als ob Sie ein ganz bestimmtes Ziel hätten. Ihr Verhalten darf keinesfalls andeuten, dass hier etwas Besonderes sein könnte. Wenn Sie es fertig bringen, sich dabei ein paar Minuten gar nicht um Ihren Welpen zu kümmern, wäre das ideal.

Ihr Welpe hat ein Problem.

Kümmern Sie sich nicht, lassen Sie ihn probieren. Ein Schritt – Click – und geschafft und zwar selbst.

Click

Auch ein bisschen Locken ist erlaubt …

… und Click – schon ist der Sprung getan.

Click

Wenn der Welpe unterwegs erschrickt, dann lassen Sie ihn so bald wie möglich eine kleine Aufgabe ausführen. Deren Bewältigung schafft Selbstvertrauen. Sie sind gut dran, wenn Ihr Kleiner jetzt schon **SITZ**, **PLATZ** oder **PFOTE** gelernt hat.

Ist ihm ein Gegenstand nicht geheuer, dann lassen Sie ihm Zeit, ihn zu untersuchen. Je mehr der Welpe kennen lernt, desto sicherer wird er sich in seiner Umwelt bewegen können. Wagt er sich an ein Objekt überhaupt nicht heran, dann können Sie ganz ruhig hingehen, es begutachten und sich anschließend gelangweilt abwenden.

Wenn Ihr Welpe bei Überraschungen erschrickt, sich aber nach einem Sprung zur Seite fängt, den Auslöser des Schreckens untersucht und sich Ihnen wieder zuwendet, haben Sie einen Hund, mit dem Sie alle zukünftigen Fährnisse bestehen können.

Unangenehme Begegnung mit einem anderen Hund

Sollten Sie das Pech haben, dass Ihr junger Hund von einem erwachsenen grob angegangen oder gar gebissen worden ist, dann sollten Sie sofort damit beginnen, die entstandenen Ängste nicht verfestigen zu lassen. Arrangieren Sie Begegnungen mit einem freundlichen Hund der gleichen Rasse. Wenn Ihr Kleiner dann seine Fassung bewahrt, können Sie mit einem Click reagieren. Er bedeutet ihm Sicherheit und Akti-

vität im grünen Bereich. So kann er sein Vertrauen wieder aufbauen.

Handelte es sich bei dem unangenehmen Vertreter um einen schwarzen Hund, dann suchen Sie schwarze Hunde auf. So vermeiden Sie die Assoziation mit der Farbe und Größe des Hundes. Bei den Geruchsverknüpfungen haben Sie nicht so leichtes Spiel. Sie können nur das gleiche Geschlecht wählen, dann haben Sie wenigstens ein wenig richtig entschieden.

Bei einem traumatischen Erlebnis dieser Art kann es auch bei einem jungen Erwachsenen sehr hilfreich sein, ihn noch einmal in eine Welpengruppe mitzunehmen. Dort kann er sein Selbstvertrauen wieder aufbauen. Eine fachkundig geführte Welpengruppe wird Ihnen da verständnisvoll entgegenkommen.

Auf einen Blick

Hindernisse

Im Leben gibt es zahllose Hindernisse zu bewältigen. Widerstehen Sie von Anfang an der Versuchung, Ihrem kleinen Kerl zu helfen. Nur was er allein kann, kann er wirklich. Das Selbstvertrauen, es zu versuchen, und die Zähigkeit, nicht aufzugeben, sind das, was Sie fördern sollten. Dabei kann Ihnen der Clicker sehr gut helfen, ihm den Weg zu weisen. Sie beobachten und lenken Ihren Zögling nicht ab, weil Sie ihn nicht anfassen. Und das Geräusch wird ihn anfeuern. Etwas zu können ist sehr bestärkend. Sie werden feststellen, dass er eine Futter- oder Spielbelohnung oft nicht haben will.

Jedes gemeinsam bewältigte Problem erhöht das gegenseitige Vertrauen.

Treppen steigen muss gelernt werden

Wenn Ihr Welpe einer großwüchsigen Rasse angehört, wird man Sie anhalten, ihn keine Treppen steigen zu lassen, um Störungen bei der Entwicklung des Knochenbaus zu vermeiden. Und das ist ein durchaus guter Rat.

Es ist aber auch ein schlechter Rat, denn dabei kann sich ein Hund entwickeln, der keine Treppen mehr steigt. Er hat nicht gelernt, dieses Problem zu bewältigen, denn er wurde bei seinen zaghaften Versuchen nachdrücklich – weil fürsorglich – davon abgehalten. Das sitzt!

Bringen Sie Ihrem Welpen das Treppensteigen frühzeitig bei, Pfote für Pfote und langsam. Aber üben Sie es nur selten und lassen Sie ihn Treppen nicht ohne Ihre Aufforderung steigen. Insofern ist das eine ideale Übung, um die Ausführung eines Verhaltens auf Kommando zu erlernen.

So früh wie möglich beginnen

Soll Ihr Hund Rettungshund werden, dann üben Sie kleine treppenartige Hindernisse sehr früh. Somit be-

Auf einen Blick

Ein Welpe traut sich

Auf einem Seminar mussten die Hunde eine längere Außentreppe hinaufsteigen. Es war ein Welpe dabei, der sich nicht traute. Auch zu Hause mied er die Treppen. Mit einem Futterstückchen wurde ihm die erste Stufe interessant gemacht. Er konnte es aber mit der Schnauze nicht erreichen. Und jetzt ließen wir ihm Zeit. Schon wenn er eine Pfote auf die Stufe setzte, gab es C&B. Nach zwei Stufen konnten wir das Futter weglassen. Die nächste Stufe erklommen zu haben, war ganz offensichtlich seine Bestärkung: „Ich kann es!“ Als die Hunde das nächste Mal von draußen hereinkamen, hörte ich nur noch eine rasche Folge von Clicks, so schnell schaffte der Welpe die Treppe schon. Am nächsten Morgen berichtete mir seine Halterin verwundert, dass er die Treppe zu Hause nicht hinaufgestiegen war. Diese mied er noch, während er die geübte Treppe sogleich hochstiefelte. Damit haben Sie nochmals einen Eindruck vom ausgeprägten Ortslernen.

herrscht er später diese Koordination perfekt. Klicken Sie, wenn er die Hinterpfoten richtig setzt. Über sie hat er die schlechteste Kontrolle.

Der Labrador Jericho erlernte das Erklettern der Schrägwand auf dem Hundeplatz sehr früh. Er demonstrierte immer wieder, dass ein oft bestärktes Verhalten auch oft gezeigt wird. Aber es ergab sich ein zusätzlicher Effekt: Er lernte sich unglaublich geschickt auf dieser steilen Schrägwand zu drehen, halb hinabzusteigen, rückwärts wieder nach oben zurückzuziehen und bis an den äußersten seitlichen Rand zu gehen. Und er genoss die Anerkennung, die ihm dafür zuteil wurde. Diese Sicherheit der Bewegungen lernt man in der Jugend, nicht im Alter. Turnen lernt man als Kind, nicht als Erwachsener. Die Technik des Treppensteigens lernt Ihr kleiner Riese jetzt gezielt mit Ihnen. Aber im Alltag warten Sie, bis er kräftig genug ist.

Zu den Hindernissen, die Sie suchen sollten, gehören Böschungen, Baumstämme, Ziegelsteine, Tunnelröhren und was sonst noch den Weg erschweren kann. Dabei soll Überwinden, Durchkriechen und Umgehen gefordert sein.

Beim Überwinden von Hindernissen ist Anfassen tabu. Machen Sie es dem Welpen nicht schwerer, als es schon ist.

Wenn Sie mit Futter locken, kann sich der junge Hund nicht richtig auf sein Tun konzentrieren.

Aufmerksamkeit auf den Targetstab.

Berührt der Hund ihn mit der Nase – Click ...

... und schon hat man sich ein Stückchen Futter verdient.

Führen mit dem Targetstab

Locken mit Futter oder einem Spielzeug ist naheliegend. Das kann ganz kurzfristig hilfreich sein. Ihr Welpe wird aber vom eigentlichen Thema abgelenkt. Einem Stückchen Futter hinterherzulaufen ist etwas deutlich anderes, als ein Hindernis konzentriert zu überwinden. Ich habe schon Welpen vom Laufdiel fallen sehen, weil das Futterstückchen ungeschickt geführt wurde. Hat Ihr Welpe gelernt, einem Targetstab oder der geöffneten Handfläche zu folgen, können Sie ihn damit wunderbar lenken und postieren. Offensichtlich ist die Bewegung auf ein Ziel hin weniger ablenkend als der Wunsch, das Futter aus einer Hand haben zu wollen.

Mensch und Hund – ein Team wird gebildet

Wenn Sie an einer schwierigen Stelle jeden kleinen Schritt voran mit einem Click kennzeichnen und Ihr Hund möchte das Futter haben, dann geben Sie es und lassen ihm genügend Zeit, es in Ruhe zu schlucken. Dann erst sollte er sich für das nächste Stückchen anstrengen. Sie werden aber feststellen, dass er oft gar kein Futter nimmt. Das pure Können – nennen Sie es ruhig Stolz –, durch den Click angezeigt, ist Bestärker in hohem Maße.

Wenn Sie oft mit dem Clicker solche Problemlösungen unterstützen, werden Sie bald feststellen, dass Ihr Hund richtig aktiv wird, wenn Sie den Clicker zur Hand nehmen. Verständliche Hilfe zu bekommen erleichtert das Welpenleben ungemein. Man kann durchaus sagen, Information als solche ist bereits bestärkend. Wer mit vielen verschiedenen Hunden mit dem Clicker trainiert, wird das bestätigen.

Später, Ihr Hund steht mitten im Leben, wird er sich gern an Ihnen orientieren, wenn es einmal schwierig für ihn wird. Da er im Zusammenhang mit dem Clicker auch Ihre körpersprachlichen Zeichen für „richtig“ gelernt hat, können Sie sich sehr schnell verständigen. Sie haben es miteinander gelernt.

Der ultimative Test, ob Sie und Ihr Hund ein Team geworden sind, zeigt sich in der Bewältigung überraschend auftauchender Problemsituationen. Deswegen legen Sie jetzt den Grundstein mit dem Clicker und viel Geduld. Sie sollten auf jeden Fall einen Zungenschnalzer (Clock) wie den Clicker konditionieren. Die Zunge haben Sie überall dabei.

Auf einen Blick

Targetstab

Der Welpe lernt, ein Target, also ein Ziel, mit der Schnauze zu berühren oder es zu verfolgen. Das ist eine einfache Übung für den Anfang. Der Targetstab, der später auch durch die Hand ersetzt werden kann, ist in allen Situationen, in denen der Hund postiert oder gezielt geführt werden muss, eine große Hilfe. Das Lernen des Stabverfolgens kann eine der ersten Fun-Übungen sein. Welpen lernen diese Übung sehr schnell.

Für einen späteren Service Hund für Behinderte ...

... könnte das ein Anfang zum Betätigen eines Wippschalters sein.

Auf einen **Blick**

Hindernisse

Beim Bewältigen von Hindernissen gibt es drei wesentliche Aspekte:

- *die körperliche Fitness, das Koordinationsvermögen,*
- *die Fantasie, das Durchhaltevermögen, das Beibehalten von Aktivität,*
- *das Zusammenspiel mit Ihnen, die gemeinsame Fähigkeit.*

Was das bedeutet, können Sie an einem kleinen Erlebnis ermessen. Ich betreute im Tierheim einen älteren, äußerst selbstsicheren Schäferhundmischling. Mit dem Clicker haben wir gemeinsam die ihm lange verschlossene Welt wieder erobert, in der er sich mit großer Cleverness bewegte. Aber dieser Hund konnte nicht von selbst das Problem lösen, einen quer liegenden Baumstamm zu übersteigen oder überspringen. Der Baum war von einem Felsen in einen Bach gestürzt. Man konnte ihn nicht umgehen.

Es war erschütternd, zu sehen, wie dieser großartige Hund an diesem kleinen Problem scheiterte. Er hatte nie gelernt, über irgendetwas zu springen. Als ich schon aufgeben und umkehren wollte, fand er eine Stelle, um platt wie eine Flunder drunter durchzukriechen. Er wollte mir unbedingt nachfolgen. Er hatte gelernt, mir zu vertrauen. Ich wartete ruhig auf der anderen Seite und quittierte seine Idee begeistert mit einem Click (das hätte ich auch lassen können). Futter als Belohnung? Nein, das Ende der Irritation, die erneut heile Welt, zu wissen, dass alles Okay war, waren ja schon präsent. Wir konnten gemeinsam weiterziehen.

Probleme lösen

Was zeichnet den Hund gegenüber dem Wolf aus? Eine ungewöhnliche Frage. Der Wolf hat das größere Hirn, er ist intelligenter als der Hund, der weitaus erfolgreichere Jäger – und doch hat der Hund das Rennen um die Gunst und Fürsorge des Menschen um Längen gewonnen. Domestikation erzeugt Defizite, aber auch Vorteile. Der Hund erträgt die Nähe des Menschen und kann daher Probleme lösen, bei denen ein Wolf schlotternd die Flucht ergreifen würde. Und er löst Probleme, die gar nicht die seinen sind.

Mit Fun-Übungen Spaß und Freude am Lernen

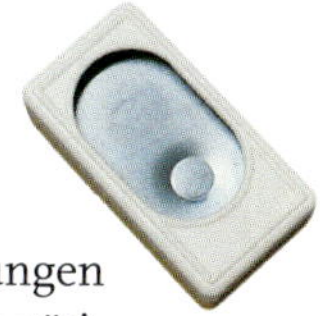

Sie haben schon stirnrunzelnd bemerkt, dass wir Ihnen dauernd irgendwelche für den Alltag und das spätere Leben wichtigen Übungen ans Herz legen. Genervte Hundehalter werden Ihnen aber gern bestätigen: Selbstbeschuldigungen, wenn dann etwas schief gelaufen ist, wirken sehr einsichtig, helfen aber in konkreten Problemfällen nicht weiter. Sorgen Sie besser vor.

Natürlich sollen Sie dabei eine Menge Spaß mit Ihrem Purzel, Ihrem Bärchen, Ihrem rasenden Punkt haben. Dazu gibt es Fun-Übungen, die zu nichts nütze zu sein scheinen.

Tatsache ist, dass die gemeinsame Tätigkeit die Bindung wirksam erhöht. Sie lernen, mit dem Clicker umzugehen, Ihr Welpe lernt zu lernen, eine äußerst wertvolle Fähigkeit. Er begreift, dass er aktiv auf Sie eingehen soll, probieren darf, dass er gefordert ist. Bei überraschend auftauchenden Problemen erkennt man den Unterschied zu einem reglementierten Hund. Der wird vielleicht auch aktiv, aber häufig hektisch und unkoordiniert mit Ihnen. Und Sie erarbeiten bei den Fun-Übungen ein Verhaltensrepertoire, das Sie später nutzen können, das Ihnen beiden Anerkennung und spontane Zustimmung verschafft.

Ist Ihr Welpe dann in 10 Jahren ein alter, erfahrener Hund, der langsam bedächtig wird, dann wird er seine Lieblingsaktivitäten nicht missen wollen. Geistige Fitness ist ein wertvoller Faktor im Leben eines alternden Hundes. Sie sollten alle seine Fertigkeiten von Zeit zu Zeit abfragen.

Eine Sprungübung über ein Minihindernis ist die Vorstufe zu großen perfekten Sprüngen des ausgewachsenen Hundes.

Pfötchen geben

An einem Beispiel können Sie lernen, wie man im Detail vorgeht. In einem anderen Fall könnte es ganz anders aussehen, aber das Prinzip ist immer das gleiche. Haben Sie das verinnerlicht, sind Sie den meisten Situationen gewachsen.

Jetzt haben Sie einen Welpen, der oft mit der Pfote nach Ihnen tatzt. Das ist ein Relikt des Milchtritts. Was könnten Sie daraus machen?

Zunächst einmal Pfötchen geben. Sie halten Ihre Hand hin, Ihr Kleiner beschnuppert sie – nichts. Er tatzelt mit der Pfote – C&B. Tut er das nicht, was ungewöhnlich wäre, dann können Sie anfangs etwas Futter in die verschlossene Hand nehmen. Er wird mit Sicherheit erst mit der Schnauze und bei Misserfolg mit den Pfoten versuchen, ans Futter zu kommen. Beim zweiten, spätestens beim dritten Versuch lassen Sie das Futter weg. Nach etlichen Wiederholungen, die Sie immer bestärken, kann Ihr Welpe schon prima Pfötchen geben, wenn Sie ihm die Hand hinhalten. Die ist so peu à peu zum Signal dafür geworden.

Nun halten Sie ihm einmal die Hand hin, er tatzt mit der Pfote drauf und Sie geben nichts. Ein freundliches „Feiner Hund" darf völlig reichen. Sie ziehen Ihre Hand weg, gehen ein paar Schritte zur Seite und halten sie wieder hin. Mit sehr hoher Wahrscheinlichkeit wird der Welpe wieder seine Pfote drauflegen, C&B. Das können Sie fortführen, bis der Hund auch dreimal nacheinander die Pfote gibt, ohne dass es ein C&B gibt (Quotenbestärkung).

Click sagt, welche Pfote es sein soll.

Rechte Pfote – linke Pfote

Sie können sich wünschen, dass Ihr Welpe Ihnen die Pfote gibt, die der ausgestreckten Hand direkt gegenüber steht. Strecken Sie also einmal die andere Hand aus. Einige Hunde werden spontan die Pfote wechseln, die meisten werden aber die bisherige Pfote nehmen. Dafür gibt es nichts, außer der Ermunterung durch Ihre ganze Haltung, dass er es weiter versuchen soll. Halten Sie Ihren Kopf schief auf die eine Seite, dann auf die andere. Wenn auch nur ganz vorsichtig seine andere Pfote zuckt, gibt es das erste C&B. Bald werden Sie in dem gleichen Stadium sein, das Sie schon mit der ersten Hand erreicht hatten. Auch das machen Sie so lange, bis der Welpe auch ohne C&B dreimal diese Pfote gibt. Und nun wechseln Sie Ihre Hände ab. Sie halten einmal die eine, dann die andere hin. Natürlich wird Ihr Welpe zunächst immer die Pfote nehmen, die ihm gerade zuvor Erfolg gebracht hat. Sie erleichtern ihm das Lernen, indem Sie die Hände weit genug seitlich hinhalten, sodass ein deutlicher Unterschied sichtbar ist. Und auch hier bestärken Sie jedes Mal, wenn er es richtig macht. Wenn er es ganz sicher kann und kaum Fehler macht, üben Sie das auch einmal woanders als bisher.

Es kann gut passieren, dass er erst gar nicht weiß, was Sie wollen. Aber nach den ersten richtigen Reaktionen hat er es. Nun gehen Sie allmählich auf 2 : 1 und dann auf Zufallsbestärkung über.

Sie wollen sehen, was man daran noch steigern kann? Die Zeitdauer, die er Ihnen die Pfote auflegt. Click hatte das Verhalten beendet, weil der Welpe das Futter haben wollte. Jetzt sagen Sie **OKAY** (oder was immer Sie sagen möchten, wenn der Hund seine eigenen Aktivitäten aussuchen darf), klikken und geben das Leckerle oder machen das kleine Spiel mit dem Hund, das ihm gerade Spaß macht. So lernt Ihr Welpe allmählich zu warten, bis Sie ihn freigeben. Vorher werden Sie ja nicht klicken. Den Click (mit Belohnung) können Sie bald weglassen. Kann Ihr Welpe die Pfote richtig bewegen, werden Sozialspiel und nachfolgende Aktivitäten Bestärkungen für sein Können.

Aus dem abwechselnden Pföteln kann man wunderschöne Übungen des Dog-Dancing entwickeln, z.B. den spanischen Schritt. Dabei geht die „Hundetänzerin" mit dem Hund zwischen den Beinen und bewegt abwechselnd betont ihre Arme. Der Hund setzt die entsprechende Pfote, nach jeweils kurzem Verharren in der Luft. Diese Übung vermittelt ein wunderbar harmonisches Bild und reißt zur Begeisterung hin. Das ist nicht gegen die Natur des Hundes, sondern zeigt seine Anpassungsfähigkeit, wenn es darum geht, sich Futter zu verschaffen.

Der Mensch beginnt, unwillkürlich mit dem Körper zu sprechen. Der Hund geht zögernd darauf ein.

Nach dem Click kann er ganz sicher sein.

Click

Das ruhige Halten bring die nächste Belohnung ein – Click.

Click

Apportieren

Apportieren ist eine überaus hundliche Fähigkeit, auch wenn manche Rassen deutlich weniger enthusiastisch apportieren als andere. Apportieren heißt, etwas herbeizubringen, nicht wild einem geworfenen Stöckchen nachzuhetzen, um es dann hinzuwerfen und schwanzwedelnd darauf zu warten, dass es wieder geworfen wird. Hauptthema ist das Bringen und In-die-Hand-geben. Wie dies aufgebaut wird, ist auf Seite 64 (Bring den Ball in meine Hand) nachzulesen.

Apportieren kann jeder Hund lernen. Dieser wird es später berufsmäßig ausüben.

Ererbte Grenzen

Lange haben Wissenschaftler, die das operante Lernen gefunden und untersucht hatten, geglaubt, dass sie jegliches mögliche Verhalten mit beliebigen Bestärkern erreichen könnten und dass beliebige Reize als Signale geeignet wären. Das war ein großer Irrtum. Ihnen ist sicherlich ohne Nachdenken klar, dass ein Stück trocken Brot nichts besonders Erstrebenswertes ist, wenn Sie großen Durst haben. Und damit sind Sie gefordert. Sie müssen erkennen und akzeptieren, was gerade die großen Renner bei Ihrem kleinen Liebling sind, denn gerade mit dem, was ihn brennend interessiert, können Sie ihn optimal bestärken.

Wenn er bei einem Geräusch, z.B. einem Zischen, erstarrt, kann man es nicht zum Herbeirufen benutzen. Schnelles Annähern an den Hund lässt ihn zurückweichen, Berühren lässt ihn zur Seite springen.

Dies sind angeborene Auslöser und Verhaltensweisen. Auf Bewegungen reagiert ein Hund sehr viel schneller als auf Laute oder gar auf statische Posen des Menschen. Und so ist es viel einfacher, erst alles Verhalten mit Sichtzeichen, und zwar mit Bewegungen, zu verknüpfen und, wenn es zuverlässig ist, auf Hörzeichen zu übertragen. Dies erfolgt immer nach dem gleichen Schema: Dem alten Signal, das das Verhalten auslöst, geht das neue Signale (Wort) voran. Das Verhalten wird bestärkt. Das alte Signal wird von Mal zu Mal schwächer ausgeführt, bis es ganz unterbleibt.

Auf einen Blick

Stöckchenwarnung

Stöckchenwerfen, Nachjagen und Bringen ist leider ein recht unfallträchtiges Spiel. Meist düst der Hund schon los, während Sie zum Wurf ausholen. Und dann kann es geschehen, dass der Hund in das sich überschlagende Stöckchen springt und sich das Holz, wenn es gerade auf dem Boden einen Halt hat,in den Rachen- oder Brustkorb rammt.

Click beendet das Verhalten

Das ist ein gängiges und hilfreiches Schlagwort beim Clickertraining. Nur leider wird es oft missverstanden. Nach dem Click ist der Welpe frei, zu tun, was ihm im Moment gefällt. Das gehört mit zu seiner Belohnung. Nicht ein Vorsitzen verlangen, bevor man das Leckerle gibt. Seine Freude auszuleben, gehört zu seiner Bestärkung. Aber wenn der Welpe von sich aus weitermacht, dann ist er offensichtlich davon begeistert. Er muss nach dem Click sein Verhalten nicht unterbrechen, er darf es aber.

Teamgeist – jeder darf einmal in die Schubkarre.

Legen Sie das Fundament für eine glückliche Beziehung

Wer sich einen Hund ins Haus holt, hat bestimmte Vorstellungen und Wünsche für das Zusammenleben, die Rolle und Aufgabe des Hundes. Erziehen heißt zunächst einmal, klare Vorstellungen zu entwickeln und dann faire Kompromisse einzugehen. Das ist genau der Zustand, in dem beide, Mensch und Hund, füreinander gewinnen. Bedenken Sie, beide können auch verlieren.

Ein Welpe tut zwei Dinge: Er lernt oder er schläft. Die Welpenzeit ist kurz. Kein Wetter, keine Müdigkeit, keine Geburtstagsfeier und keine Schwiegermutter sollten Sie davon abhalten, die Welpengruppe aufzusuchen, mit Ihrem Welpen Umwelterfahrungen zu sammeln. Das ist eine Investition in die Zukunft. Verpasste Gelegenheiten sind verpasst. Ihr Hund ist nicht das Wichtigste im Leben. Aber in der Welpenzeit ist er Nummer eins. Konsequent erziehen heißt, die Welpenzeit nutzen. Natürlich gehen die in diesem Buch besprochenen Übungen weit über die Welpenzeit hinaus. Aber in ihr sollten Sie das Fundament legen.

Futter, Spiel und Chefgehabe

Sie sind für Ihren Welpen notgedrungen das Wichtigste in der Welt geworden. Notgedrungen, denn viel lieber wäre er noch bei seiner Mutter. Sie sind nicht halb so gut wie diese, aber viel besser als Alleinsein. Dass Ihr Welpe Sie wirklich liebt, müssen Sie sich erst verdienen.

Der Clicker mag manchmal albern erscheinen, aber er hat den unschätzbaren Vorteil der klaren Verständigung. Und verständliche Information ist selbst schon bestärkend. Das können Sie sehr gut nachempfinden, wenn Sie einmal absolut nichts verstehen, sei es bei einer Gebrauchsanleitung, sei es auf einer Reise.

Chefgehabe ist die Haltung: „Ich bin der Boss, du musst gehorchen." Der Welpe lernt dabei höchstens, dass der eigene Mensch unberechenbar, andere aber interessanter und hundlicher sein können. Und dann ist die Eifersucht da. Das habe ich einige Male unangenehm erfahren müssen, als ich mit einem Welpen das Clickertraining demonstriert hatte und er anschließend mir nachfolgte und nicht seinem Menschen.

Ein guter Chef ist souverän, und es lohnt sich, ihm nachzufolgen, weil man sich in schwierigen Situationen auf seine Führung verlassen kann. Das ist die Rolle, die Sie ausfüllen sollten. Und es geht darum, was der Hund als schwierig empfindet. Dazu müssen Sie ihn genau beobachten. Bei der Erziehung eines Welpen sollten Sie sich daher nicht ablenken lassen. Und in der Familie führt eine(r) die Erziehung durch, die anderen übernehmen. Ich weiß, die Realität sieht oft anders aus. Versuchen Sie es trotzdem.

ClickerTipp

Bevor Sie daran gehen, den quirligen Neuankömmling zu „erziehen", sollten Sie Klarheit darüber gewonnen haben, was er denn überhaupt können soll. Erstaunlicherweise beginnen viele Menschen erst sehr spät darüber nachzudenken.
Auf die Frage, was denn ein Problem wäre, beginnen später die Antworten dann typisch mit „Er soll nicht …"
Also schreiben Sie sich eine Liste auf, was Ihr Hund können soll, wenn er erwachsen ist. Und wenn Sie alles so schön formuliert haben wie auf einem Weihnachtswunschzettel, dann fragen Sie nach Ihrem Verhalten.

Auf seinen Chef sollte sich ein Hund auch in ungewöhnlichen Situationen verlassen können.

Was der Hundehalter lernen sollte

Als Versprechungen für die Zukunft, die Sie geben, um ein „artiger" Hundehalter zu sein, sollte da etwa stehen, dass Sie lernen wollen, Fehlverhalten zu ignorieren und gutes Verhalten nicht als selbstverständlich hinzunehmen, sondern aktiv zu bestärken. Und unterstellen Sie keinem Hund Bosheit. Wenn etwas nicht wunschgemäß läuft, fragen Sie erst, was Sie beim Üben versäumt haben.

Zuletzt sollten Sie fest versprechen, den Welpen bei Hundekontakten nicht zu bevormunden. Dort hat er die bessere Ausrüstung als Sie.

Der Welpe seinerseits ist nun vielleicht der Mittelpunkt Ihrer Welt. Lassen Sie es ihn nie wissen! Behandeln Sie ihn zwischendurch auch öfter einmal überraschend abweisend. Es fällt schwer, festigt aber die Bindung intensiv. Es hilft Ihrem Kleinen, sich richtig in seine neue Welt einzuordnen. Sie sind nicht beliebig verfügbar. Er muss sich um Ihre Gunst und Nähe bemühen.

Aber jedes Mal, wenn der Welpe etwas besser macht, einen neuen Schritt nach vorn schafft, zeigen Sie Ihre Anerkennung. Sein Erfolg ist Bestärkung für Ihre Mühe. Sie lernen, genauer zu beobachten. Sie lernen, kleine und kleinste Schritte einer Verbesserung zu sehen und wirksam zu bestärken. Und Sie lernen, Ihre Körpersprache, mit der Sie den Welpen locken und animieren, mehr und mehr seinem Verständnis anzupassen. Sie müssen genauso viel lernen wie Ihr kleiner Hund. Dann werden Sie ein Team.

Ein gutes Team – bis ins hohe Alter

Im Welpenalter legen Sie die Grundlagen für das Verhalten und die gegenseitige Beziehung im Alter. Unterschätzen Sie das nicht. Mit einem Hund ein Leben lang uneins zu sein, weil man in der Jugend unbedacht war, ist eine Belastung. Einen gut erzogenen Hund kann man im Alter regelrecht genießen. Da ich gerade in der Zeit, in der ich diese Zeilen schreibe, unseren alten Hund genieße, der uns in der Jugend so viel Kummer gemacht hat, weiß ich genau, wovon ich rede. Es mag Sie irritieren, bei Ihrem so knuddelig süßen Welpen an einen alten

Hund zu denken, aber die Zeit verrinnt schnell. Acht Jahre sind im Flug vorüber, und dann wird Ihr Hund alt.

Einige Zufallsbeobachtungen möchte ich Ihnen weitergeben. Ein Märchenspruch, der bei uns Redensart ist, heißt „... und dann gingen sie hurtig, lustig nach Hause“. Ich sagte ihn immer zur Selbstmotivation, wenn ich mit unserem alten Schiwa und dem jungen Mirko die letzten 200 m nach Hause ging. Nach Schiwas Tod vergaß ich diesen Spruch. Als Mirko alt wurde, schlich er sommers oft arg langsam nach Hause. Einmal unter Zeitdruck sagte ich impulsiv: „Mirko, hurtig lustig!“, und den alten Hund durchfuhr ein Ruck und er ging in flottem Joggingtempo nach Hause! Auch mit zwölf Jahren konnte ich ihn so noch beschleunigen. Lehren Sie Ihren Welpen ein Signal, auf das hin Sie eine ganze Strecke flott und ohne jegliches Zögern laufen werden. Es kann überraschend nützlich werden.

Spuren legen und Futterstückchen werfen waren in der Welpenzeit eine aufregende Abwechslung. Beides sind sehr hundegerechte Betätigungen. Als Mirko 12 Jahre war, suchte er immer noch enthusiastisch die 5 bis 15 Meter voraus geworfenen Futterbrocken. Wenn Ihr Hund einmal verletzungsbedingt eingeschränkt ist oder im Alter nur noch bedächtig laufen kann, eine Spur verfolgen und ein Leckerchen finden kann er immer und es macht ihm zudem großen Spaß.

Etwas ausgeben, ohne uneins zu werden ...

... ist eine Fertigkeit ...

Click

... die ein Team in jedem Alter beherrschen sollte.

Damit Ihr Hund sinnvolle Aufgaben hat, sollten Sie jetzt mit Ihrem Welpen die Fertigkeiten aufbauen.

Die kleinen Aufgaben, im Wohnzimmer benannte Gegenstände zu apportieren und wieder aufzuräumen, machen enormen Spaß beim Üben mit dem jungen Hund. Und der alte wird auf diesen Tätigkeiten beharren. Er hat noch etwas zu tun. Er ist im Rudel noch nützlich.

Damit Ihr alter Hund sinnvolle Aufgaben hat, sollten Sie jetzt mit Ihrem Welpen am Vorratskorb seiner Fertigkeiten flechten. Sein kindlicher tapsiger Eifer, der Sie erfreut, ist Ihre Bestärkung, die Sie sich dabei verdienen. In der Pubertät heißt es dann „Augen zu und durch". Danach wird sich Ihr Traumhund entpuppen.

Die Übungen, die hier vorgeschlagen werden, sollen bitte nicht auf Präzision trainiert werden. Begnügen Sie sich mit der Kindergartenausführung. Aber fangen Sie vieles an. Perfektion hat ihren Start immer in einem sehr frühen Lebensalter. Deswegen wurden solche Fertigkeiten wie das **DOWN** so ausführlich beschrieben. Üben Sie mit dem Twen einen zweiten Durchgang, diesmal mit mehr Genauigkeit, auch bei Ablenkung.

Wenn Sie das Üben mit dem Clicker ernst betreiben, werden Sie weitgehend von Frust und Ärger verschont bleiben. Ihr Welpe, der in dieser Zeit zu einem ganzen Kerl heranwächst, vertraut Ihnen in allen Situationen. Sie werden ein echtes Team. Wenn Sie dann Ihren Clicker eines Tages verloren haben, macht das nichts, denn Sie haben etwas behalten, was Sie nicht verlieren können: Sie haben gelernt, sich mit einem ganz anderen Lebewesen, Ihrem Hund, blind zu verständigen. Das wünschen wir Ihnen.

Service

Zum Weiterlesen

- Abrantes, Roger: Dog Language. Wankan Tanka Publishers, Illinois 1997.
- Donaldson, Jean: Hunde sind anders. ...Menschen auch – so gelingt die Verständigung zwischen Mensch und Hund. Kosmos, Stuttgart 2000.
- Feddersen-Petersen, Dr. Dorit: Hunde und ihre Menschen. Kosmos, Stuttgart 2001.
- Feddersen-Petersen, Dr. Dorit: Hundepsychologie. Wesen und Sozialverhalten. Kosmos, Stuttgart 2000.
- Feltmann, Gudrun: Welpentraining. Kosmos, Stuttgart 2000.
- Jones, Renate: Welpenschule leichtgemacht. Kosmos, Stuttgart 2002.
- Lindsay, R.S.: Applied dog behaviour and training. Iowa State University Press, USA 2000.
- Pietralla, Martin: Clickertranining für Hunde. Kosmos, Stuttgart 2000.
- Pryor, Karen: Positiv bestärken, sanft erziehen. Kosmos, Stuttgart 1999.
- Schöning, Barbara: Hundeverhalten. Kosmos, Stuttgart 2001.
- Scott, J.P. & J.L.Fuller: Genetics and the social behaviour of the dog. The University of Chicago Press, USA 1965.
- Theby, Viviane: Hundeschule. Kosmos, Stuttgart 2002.
- Winkler, Sabine: Hundeerziehung. Kosmos, Stuttgart 2000.
- Winkler, Sabine: So lernt mein Hund. Kosmos, Stuttgart 2001.
- Wright, John C. und Judi Wright Lashnits: Wenn Hunde machen was sie wollen ... und wie man sie davon abbringt. Kosmos, Stuttgart 2001.

Nützliche Adressen

Deutscher Hundesportverband
e. V. (dhv)
Gustav-Sybrecht-Straße 42
44563 Lünen
Tel.: 0231/878010
Fax: 0231/8780122

Verband für das Deutsche
Hundewesen e.V. (VDH)
Westfalendamm 174
44141 Dortmund
Tel.: 0231/565000
Fax: 0231/592440
Info@vdh.de
www.vdh.de

Österreichischer Kynologen-
verband (ÖKV)
Johann-Teufelgasse 8
A-1238 Wien
Tel.: 0043/18887092 oder
0043/18887093
Fax: 0043/18892621
www.oekv.telecom.at/hund

Schweizerische Kynologische Gesellschaft (SKG)
Länggassstr. 8
CH-3001 Bern
Tel.: 0041/313015819
Fax: 0041/313020215
Skg.scs@bluewin.ch

Berufsverband der Hundeerzieher/innen und Verhaltensberater/innen (BHV)
Aussiedlerhof Reiterhohl
65817 Eppstein
Tel.: 06198/501371
Fax: 06198/501373
www.bhv-net.de

Gesellschaft für Tierverhaltenstherapie (GTVT)
c/o Dr. H. Bernauer-Münz
Blankenfeld 29
35578 Wetzlar
Tel.: 06441/74245
hbmuenz@aol.com
www.gtvt.de

Bundestierärztekammer (BTK)
Oxfordstr. 10
53111 Bonn
Tel.: 0228/725460
Geschaeftsstelle@btk-bonn.de

Hundeschule Struppi & Co.
Segeberger Chaussee 154
22851 Norderstedt
Tel.: 040/60849791
Fax: 040/60875350
www.struppi-co.de
www.hundeverhalten.de

Clickertraining im Internet

www.clicker.de
www.yorkie.ch/clicker/index/html
www.gah-bayern.de (hier finden Sie Seminartermine von Martin Pietralla)

Bestelladresse für Clicker

WOMA Vertrieb
Am Nohl 41
89173 Lonsee
info@clickershop.de
www.clickershop.de

Register